MENTAL PERFORMANCE

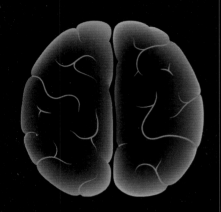

멘탈 퍼포먼스

긍정을 뛰어 넘는
초긍정 마인드

대한민국 대표
스포츠 심리전문가
이 상 우 지음

K리거에서 박사까지,
이상우를 만든 10년의 세월

대|경|북|스

1판 1쇄 인쇄 2024년 1월 22일
1판 1쇄 발행 2024년 1월 25일

지은이 이상우

발행인 김영대
펴낸 곳 대경북스
등록번호 제 1-1003호
주소 서울시 강동구 천중로42길 45(길동 379-15) 2F
전화 (02) 485-1988, 485-2586~87
팩스 (02) 485-1488
홈페이지 http://www.dkbooks.co.kr
e-mail dkbooks@chol.com

ISBN 979-11-7168-019-1 03180

멘탈 관리는 하루아침에 이루어질 수 없는 위대하면서도 매우 고된 과정이다. 이에, 전직 K리그 선수 출신이자 스포츠심리학 박사인 저자는, 그의 다양한 경험에서 우러난 인사이트를 제시한다. 단순히 실력으로 훌륭한 스포츠 선수를 넘어, 멘탈적으로 완성된 육각형 인간을 지향하는 모든 분들을 위한 필독서이다.

[한국프로축구연맹 교육지원팀(HRD) 팀장 박우인]

이 책에는 축구 선수부터 선수 자녀를 둔 부모까지 모두가 읽고 실용적인 도움을 얻을 수 있는 비밀스러운 성공 레시피가 고스란히 담겨 있다. 스포츠 심리전문가 이상우 박사의 다양한 현장 경험과 성공 노하우를 자신의 것으로 만들었으면 한다.

[인하대학교 체육교육과 교수 김영욱]

"정신이 육체를 지배한다." 체력이 한계에 이르면 정신력으로 버티라는 의미에서 쓰이는 말이다. 이렇듯 "자기암시(플라시보 효과)"는 이제 스포츠뿐만 아니라 전 영역에서 필수적으로 다루는 긍정의 심리학이다. 이상우 박사는 우리가 서로 다르기 때문에 겪게 되는 다양한 인간 군상의 이야기를 스포츠심리학을 통해 알게 쉽게 풀어 놓았다. 오랜 지도자 생활을 통해 내가 알게 된 것도 선수 개인의 심리적인 부분에 맞추어진 기량 향상을 목표로 할 때, 더욱더 큰 성과를 거두게 된다는 것이다. 이 책이 아이들과 선수들을 가르치는 많은 지도자와 부모들에게 구체적이고 체계적인 도움이 될 것이라 믿는다.

[대한축구협회(KFA) 사회공헌위원장 김태영]

선수, 지도자, 부모 등 저마다 고민을 가진 사람들의 슬기로운 선택에 도움이 되고 싶다는 마음으로 스포츠 심리전문가의 길을 걷고 있는 이상우 박사는 성공이 아닌 성장을 위해 함께 고민하며, 더 나은 길을 찾기 위해 애쓰고 있다. 여러 상황에 놓인 스포츠 선수들의 마음은 변화를 예측하기 어려운 날씨처럼 실수와 실패, 혹독한 시련은 하루가 멀다 하고 찾아온다. 사계절을 닮은 이 책을 통해 바람이 불면 걱정이 날아가고, 비가 오면 불안이 씻겨나가고, 따뜻한 햇볕은 강한 자신감과 희망을 기대하게 한다.

[국기원 객원 연구원, 박사 고상현]

많은 사람들이 스포츠에 열광하는 이유는 우리의 삶과 닮았기 때문이다. 치열한 경쟁 속에서 우리는 무수히 많은 좌절과 역경을 경험한다. 상처를 딛고 다시 뛸 수 있는 자만이 성공에 가까이 다가갈 수 있다. 멘탈 관리가 점점 더 중요해지는 배경이다. 이상우 박사는 전직 K리그 선수 출신 스포츠심리학 박사로서, 다각적인 시각의 멘탈을 이야기한다. 언뜻 막연하게 느껴질 수 있는 멘탈 영역을 현장으로 가져와 생동감을 입혔다. 전문적이면서도 생생한 사례들로 이해력을 높였다. 읽다 보면 절로 고개가 끄덕여진다. 스포츠를 넘어, 현대인이 꼭 읽어야 할 책이다.

[스포츠월드 기자 이혜진]

작금의 인간과 AI가 공존하는 분초 사회를 살고 있는 선수들은 많은 정보에 노출되어 더욱 좋은 환경을 원한다. 운동선수뿐만 아니라 사회의 모든 분야에서 시대가 급변해도 변치 않는 핵심요소는 멘탈이다. 저자는 축구 선수의 경험을 살려 차별화된 멘탈 관리의 비결을 제시했다. 이 책에 있는 지혜를 통해 다이아몬드 같은 멘탈을 키워 모두가 원하는 삶을 누리기를 바라며 이 책을 읽고 모든 선수들이 자신의 역량을 강화시키길 소망한다.

[경주한수원 여자축구단 감독 송주희]

선수 시절 심리적으로 어려운 순간들이 많았고 그럴 때마다 혼자서 이겨내야 했기 때문에 굉장히 힘들었던 기억이 난다. 지금 이 순간에도 예전의 나처럼 심리적으로 힘들어하고 있을 선수들에게 이 책을 추천한다. 이 책을 통해 어렵고 힘든 순간들을 슬기롭고 지혜롭게 헤쳐 나가길 응원한다.

[前 축구국가대표 선수, 서울 풋볼A U18 감독 황진성]

FC안양과 천안시축구단에서 함께했던 프로젝트를 통해, 팀이, 그리고 선수가 한 단계 더 성장하기 위해서 멘탈리티 관리의 중요성을 알 수 있었다. 수년에 걸친 이상우 박사의 경험과 노하우가 고스란히 담겨 있는 이 책을 통해 엘리트 선수로 성장해가는 모든 이들에게 큰 도움이 될 것이다. 물론 전문 선수가 아닌 나처럼 평범한 우리에게도 좋은 길잡이가 되어 주리라.

[前 FC안양, 천안시축구단 사무국장 유영근]

스포츠, 이젠 멘탈이 핵심이다. 2021년 여름으로 기억된다. 생각지 못한 오심으로 나는 당황했다. 오심은 뒤통수를 얻어맞은 것처럼 자책에 힘들었고, 다음 경기의 평정심마저 장담할 수 없는 상황이었다. 그 시기에 이상우 박사와의 인연은 돌이켜보면 여간 다행스러운 일이 아닐 수 없다. 스포츠는 몸으로 실천하고 증명해야 되지만, 그 몸을 지배하는 것은 멘탈일 수밖에 없다. 강한 체력과 기술을 지녔음에도 멘탈이 약해 도태되는 사람들을 나는 많이 목격했다. 따라서 이 책이 한국 스포츠에 미칠 영향이 결코 적지 않을 것으로 믿는다. Mental Toughness !

[대한민국 축구 국제/K리그 심판 김우성]

현장에서 오랜 시간 동안 아이들을 지도하면서 느낀 점은 실력도 중요하지만 가장 중요한 것은 멘탈이라고 생각한다. 이상우 박사의 교육을 통해서 선수들의 성장과 팀이 발전되는 모습을 느낄 수 있었는데, 이 책을 통해 보다 많은 선수들이 멘탈을 관리할 수 있길 기대한다. 또한 대한민국의 중심이 되는 훌륭한 선수로 성장하길 응원한다.

[인천유나이티드 U18 대건고 감독 최재영]

이 책은 이상우 박사의 선수 경험과 그라운드 밖 현장에서의 노하우를 고스란히 담은 책이다. 스포츠 선수들이 이 책을 통해 멘탈의 중요성을 이해하고 심리기술 전략을 잘 익혀서 모든 선수들의 멘탈이 강해졌으면 좋겠다. 더 나아가 대한민국 축구 발전에 큰 도움이 되길 기원한다.

[수원삼성, 성남FC 선수 한석종]

전 세계적으로도 프로축구 선수로 살아보고 심리학자로도 살아본 사람은 희귀할 것 같습니다. 다른 이 두 세계를 모두 다녀본 이상우 박사의 이야기는 생동감이 있습니다. 그래서 독자들에게 어렵지 않고 마음 가까이에 와닿는 글이 되는 것 같습니다. 스포츠 선수뿐만 아니라 어려운 벽에 부딪쳐 '쾅당'하고 넘어져 있는 모든 분들에게 도움을 주는 이야기입니다. 다시 일어나 더 먼 곳까지 갈 수 있는 힘을 주는 글들을 읽어보시면 좋겠습니다.

[前 K리그 선수, (주)스포잇 대표 권정혁]

탁상행정가들과는 다른 선수 출신 현장 전문가의 노하우가 집약된 선수들의 승리를 위한 필독서이자 부모, 지도자들에게는 올바른 방향을 제시해 줄 등대 같은 서적, 많은 선수들과 지도자, 부모들을 위하여 앞으로도 가는 길을 응원하고 지지합니다.

[前 프로골퍼, 대덕대학교 생활체육과 교수 김현빈]

이상우 박사는 심층적인 연구와 다양한 사례들을 몸과 마음으로 직접 경험했으며, 새로운 시각과 실용적인 방법을 제안하여 선수들이 최상의 퍼포먼스를 발휘할 수 있도록 수년간 도와왔습니다. 이 책은 대한민국 현대 세대의 선수들을 위한 퍼포먼스 성장의 핵심 비밀을 밝히는 명작입니다. 선수들이 겪는 스트레스와 압박 그리고 더욱 빨라진 경기 속도와 신체의 한계를 뛰어넘을 수 있게 돕는 도구가 될 것입니다. 선수뿐 아니라 코치, 부모, 스포츠 업계 종사자와 기업인들에게도 멘탈 퍼포먼스 강화에 유용한 지침서가 될 것이며, 독자들의 지속적인 성장과 성공을 위한 실용적인 길잡이가 될 이 책을 적극 추천합니다.

[前 K리그 선수, QMIT 대표 이상기]

이 책은 선수들이 그라운드 안과 밖에서 직면했던 모든 경험들이 논리적으로 그려져 있습니다. 모든 선수는 오직 '선수'에서만 머물 수 없습니다. 그들이 모험하는 이 길에 진정한 교육과 현장 방법론은 무엇인지 또 그들의 'Next'가 무엇일지 고민하는 현장 지도자와 부모들께 이 책을 추천해 드립니다.

[드래프트온 · 다컴스 대표 최무결]

이상우 박사를 만나기 전에 나는 경기하는 것을 두려워했고 불안해했다. 하지만 심리기술 전략을 배우고 나서 나는 나도 모르게 경기를 즐기게 되었고, 스스로에게 칭찬을 할 줄 아는 선수가 되었다. 단번에 좋아지지는 않겠지만 심리기술 전략을 꾸준히 활용하다 보면 경기 중에 자연스럽게 활용할 수 있을 것이다. 누군가의 뒤에서가 아닌 앞장서서 경기를 이끌어 나가고 싶은 선수들이 있다면 이 책을 적극적으로 추천한다.

[경주한수원 여자축구단 선수 김도현]

치열한 경쟁이 일상화된 현대 사회에서 스포츠심리학은 일반 대중에게 도 꼭 필요한 학문입니다. 이 책은 건강한 생각, 견고한 멘탈, 무너지지 않는 회복 탄력성과 자기효능감 등을 갖고 싶은 모든 이들에게 큰 도움 이 될 것입니다. 이상우 박사의 스포츠심리학 전문성과 현장 경험을 통 해 보통 사람들도 마음 건강을 단단히 지켜나가기를 기대합니다.

[한국일보 기자 손성원]

이 책에는 제가 직접 경험하면서 성장한 것들과, 조금 힘든 시기에 많은 도움을 줬던 이상우 박사의 노하우들이 많이 들어있습니다. 이것들을 잘 활용하고 자신의 것으로 만든다면 운동장뿐만 아니라, 많은 부분에 서 큰 도움이 될 것입니다.

[항저우아시안게임 국가대표, 부천FC 선수 안재준]

최근 유소년 선수들이 축구에 다가가는 방법이 예전에 비해 많이 바뀐 것을 느끼게 되었고, 이를 개선하기 위해 이상우 박사에게 교육을 부탁 했습니다. 선수 출신 박사에게 직접 교육을 받다 보니 이해하기가 쉽고 좋았습니다. 중요한 것은 선수뿐만 아니라 지도자에게도 큰 도움이 되 었습니다. 선수가 지치고 힘든 것처럼 지도자도 지치고 힘이 듭니다. 그 래서 저는 지치고 힘이 들면 개인 상담을 진행합니다. 도움이 되고 위로 를 많이 받게 됩니다. 요즘 시대는 팀 보다 개인주의가 더 강해지고 있 습니다. 이 시대에 《멘탈 퍼포먼스》는 선수들과 지도자에게 꼭 필요한 책이라고 생각하며 이 책을 추천합니다.

[SOL FC U18 대표, 평창유나이티드 U15 감독 유성우]

스포츠 현장에는 많은 사람의 꿈이 모인다. 《멘탈 퍼포먼스》는 꿈에 한 발짝 더 가까워질 수 있는 여러 심리기술 전략을 생생한 현장의 목소리로 소개한다. 반복되는 일상에 지쳐 꿈에서 멀어지고 있다고 느낀다면 이 책의 목소리에 귀 기울여보길 추천한다.

[멘탈 퍼포먼스 멘탈 디렉터, 박사 권혁주]

조금 더 일찍 알았더라면 좋았을 것. 좋은 사람이자 좋은 선수가 되기 위한 필독서.

[前 강원FC 코치, 서울 풋볼A U18 코치 이슬기]

유소년 축구와 프로축구의 차이는 정말 크다. 실력적인 부분뿐만 아니라 멘탈적인 부분에서 차이가 정말 크다고 생각한다. 이 책에는 이상우 박사가 지금까지 경험한 노하우가 고스란히 담겨있는 책이다. 아직 멘탈에 대한 중요성을 모르는 선수들, 많은 유소년 선수들이 이 책을 읽고 실력뿐만 아니라 멘탈적으로도 진정한 프로 선수가 될 수 있으면 좋겠다.

[J리그 감바오사카, 천안시티FC 선수 신원호]

강한 멘탈은 보이지 않는 자신만의 특별한 무기를 갖고 있는 것과 같다. 저자의 경험과 책에서 주는 영감을 통해 지속 가능한 강한 멘탈 퍼포먼스를 갖추게 된다면 이 시대의 게임 체인저가 될 것이다.

[경주한수원 여자축구단 수석코치 이주섭]

많은 부분들이 외부적인 요인으로 인하여 스스로의 선택권이 주어진다. 주도적이고 주체적인 부분은 모두가 원하기도 하지만 어려운 부분이기도 하다. 이 책을 통해 스스로가 원하는 것을 이루는 데 많은 도움이 될 것이라 생각한다.

[前 K리그 선수, 서울 풋볼A U18 코치 조찬호]

이 책은 이상우 박사의 그라운드에서 흘린 땀과 열정이 고스란히 담겨 있습니다. K리그 선수로서의 경험은 멘탈 코칭의 현장감과 깊이를 더해주며, 선수들에게 더욱 강력한 메세지를 전달합니다. 《멘탈 퍼포먼스》는 멘탈 향상을 위한 필독서이자, 이상우 대표와 같이 멘탈 코치, 멘탈 디렉터의 꿈을 꾸는 후배 선수들에게 롤 모델로서 훌륭한 가이드가 될 것입니다. 강철 멘탈을 꿈꾸는 선수, 이 선수들과 함께 하는 지도자, 부모에게 필요한 내용이 다 담긴 《멘탈 퍼포먼스》 강력 추천합니다!!

[닥터서 스포츠심리연구소 대표, 박사 서주애]

'멘탈'은 체력이나 기술처럼 보이지는 않지만 결국 모든 종목 선수들의 체력과 기술의 경기력을 지배하는 주체다. 현장 전문가인 이상우 박사의 현장 노하우를 바탕으로 집필된 이 책을 통해 선수들의 멘탈 관리와 함께 보다 나은 성공으로 한걸음 더 다가설 수 있는, '새로 태어나는 선수'가 되길 바란다.

[인천스포츠과학컨디셔닝센터 센터장 김도윤]

현대 사회에서 멘탈은 일정 종목을 떠나 모든 스포츠 선수와 부모, 지도자까지 꼭 필요하다고 생각합니다. 심지어 직장인, 군인도 필요로 하기 때문에 이 책을 적극 추천합니다.

[양평FC 축구단 사무국장 김원철]

모든 길에 정답은 없지만 정도는 있는 법. 프로 선수로서 그라운드에서 쌓은 실전 경험에, 전문성을 더한 스포츠 심리전문가 이상우 박사가 마음 깊숙한 곳을 향해 물음표를 던지는 이들에게 깊은 감동과 울림을 준다.

[뉴시스 기자 김진엽]

이 책은 스포츠 현장에서 멘탈에 대한 관심과 고민이 생긴 이들에게 이해하기 쉽게 정보를 전달하고, 현실적인 방법을 안내한다.《멘탈 퍼포먼스》를 통해 용기와 희망을 얻길 기대한다.

[제주유나이티드 멘탈코치, 박사 박지훈]

이 책은 선수부터 스포츠 심리전문가까지 이상우 박사의 모든 열정과 땀이 담겨 있다. 선수들의 강한 멘탈을 위한 내용뿐만 아니라 지도자, 부모의 마음까지 담아내어 올바른 방향을 알려주는 지침서이다.

[前 전남체육고등학교 멘탈 트레이너, 박사 김학범]

프로축구 선수에서
스포츠심리학 지식 회사의 대표가 되기까지

김병준
인하대학교 사범대학 체육교육학과 교수
《강심장 트레이닝》 저자

이상우 박사와 나는 FC서울에서 특별한 인연이 시작되었다. 당시 선수
단 멘탈 관리를 담당했던 나에게 이상우 박사는 인하대 대학원에서 공부
하고 싶다는 의지를 여러 차례 전달해 왔다. 현직 프로축구 선수가 운동과
대학원 학업을 병행하는 것은 특별한 집념과 헌신이 요구되는 일이었다.

그는 결국 인하대학교에서 10년간 공부해서 박사학위를 받았다. 학업
을 하면 운동을 못하는 것이 아니라 오히려 더 잘한다는 사실을 증명했다.
석사논문을 쓰는 학기였는데, 리그 도움왕을 달성하기도 했다. 정신력이
충분하다면 운동과 학업을 병행할 수 있고, 그것도 아주 멋지게 해낼 수

있다는 것을 보여주었다. 체력적·정신적으로 힘든 시기에 오히려 운동을 더 잘해 낸 것이다. 운동에서 성과가 나오지 않는 시기에 대처하는 방법에 대한 자신만의 철학을 만든 것이 분명해 보인다.

한 분야에서 탁월한 수준에 도달하면 그 법칙을 적용하여 다른 영역에서도 최고에 오를 수 있는 것 같다. 그는 소속 팀에서 부주장으로 섬세한 리더십을 발휘했고, 석사논문과 박사논문을 작성할 때에도 치밀한 추진력을 보였다. 운동과 학문 탐구는 서로 다른 분야지만 관통하는 정신 자세는 동일한 것 같다.

박사학위를 받은 K리거라는 독특한 타이틀을 품은 그는 축구 팀의 멘탈 관리 전문가로 회사를 운영하고 있다. 전국을 누비면서 선수들의 마음을 잡아주는 팀 멘탈 코치로 활약한다. 동시에 자신의 선수 체험과 박사 공부 내용을 녹여서 자신만의 실용적인 지식을 쌓아 가는 창조적 인생을 살아간다.

이 책은 선수로서, 스포츠심리학 박사로서, 그리고 멘탈 코치로서 15년의 삶을 담은 책이다. 대중서로서 첫 작품인데 사례가 풍부하고, 자신만의 관점을 잘 보여준다. 스포츠심리학의 이론을 축구 현장에 접목시켜 멘탈이 강한 선수, 강팀을 만들어가는 방법을 보여주는데 신기하기만 하다. 자신의 경험과 이론을 결합시켜 솔루션을 제시하고 있으며, 매우 신선하고 독특한 접근법을 취하고 있다.

이 책에서는 선수 개인 차원의 문제부터 팀과 리더 관련 이슈를 초긍정성의 관점에서 풀어나가는 실제 사례를 접할 수 있다. 운동 선수, 부모, 지도자 뿐만 아니라 꿈을 향해 도전하는 많은 사람에게 강한 멘탈을 만들어가는 방법을 알려준다. 또 배려 정신, 팀 정신을 먼저 내세우는 태도가 결국에는 개인 성장의 엔진이 된다는 것도 알 수 있을 것이다.

프로축구 선수에서 스포츠심리학 지식 회사의 대표가 되기까지의 원동력은 뜨거운 열정과 인내였을 것이다. 이 책은 궁극적인 목표를 정하고 하나씩 성취해 나가면 얼마나 놀라운 일을 해낼 수 있는지를 보여준다. 이런 선수, 이런 학생, 이런 박사를 우리 시대에 볼 수 있어 행운이다.

2024년 1월

이상우 박사의 저서 발간을 축하하며

오수학

인하대학교 사범대학 체육교육학과 교수
《체육학 연구방법》 저자

저는 인하대학교 체육학과에서 이상우 박사와 오랜 세월 동안 교육과 연구를 함께해 왔습니다. 이상우 박사는 프로축구 선수로서의 경험을 바탕으로 축구 선수의 훈련, 경기력 향상, 그리고 지도 등에 대한 연구를 수행해 왔으며, 그 결과로 현장의 축구 선수 지도에 실제적인 도움을 줄 수 있는 우수한 연구물들을 발표하였습니다.

이상우 박사는 학위 논문을 진행하는 과정에서 자신의 프로 선수 경험 중에서 미해결된 문제를 학문적으로 해결하려는 열정으로 진지하고도 성실한 노력을 해 왔습니다. 그 결과로, 이상우 박사는 다음과 같은 연구 성과를 이루었습니다.

◆ 축구 선수의 훈련량과 경기력의 관계에 대한 연구

◆ 축구 선수의 경기력 향상을 위한 훈련 프로그램 개발 연구

◆ 축구 선수의 지도 방법에 대한 연구

이상우 박사는 프로 선수로서 학업을 병행한다는 것이 매우 어렵지만, 학위 취득에만 만족하지 않고 시간이 오래 걸리더라도 본인이 던진 연구 문제를 끝까지 해결하려는 연구자로서의 훌륭한 덕목을 보여 주었습니다. 또한, 이상우 박사는 자신의 선수 생활과 연구 결과를 근거로 개인 선수와 팀을 전문적이고, 체계적인 상담을 통하여 축구계의 긍정적인 변화에 일조하였습니다.

이상우 박사는 학업과 연구 외에도 감독, 현장지도자, 강사, 회사 대표 등 다양한 경험을 쌓은 축구계의 훌륭한 재원입니다. 이상우 박사가 교육과 연구를 통하여 얻은 지식과 경험을 두루 알리고자 책으로 발간하게 되어 큰 의미가 있다고 생각합니다. 스승으로서 훌륭한 제자의 발전을 보게 되어 감사하고, 이에 본 서를 선수와 지도자들에게 추천하는 바입니다.

2024년 1월

현장의 고민에서 출발한 스포츠심리학의 결실

류청 편집장
히든K(이스타TV)

"상담심리학과 스포츠심리학은 달라요. 상담심리학은 마음이 아픈 사람을 대상으로 하고, 스포츠심리학은 이기고 싶은 사람을 상대합니다. 스포츠 선수는 마음이 아픈 사람이 아니라 이기고 싶은 사람이잖아요."

첫 인상만큼 중요한 게 첫 대화다. 이상우 박사는 만나자마자 내 관심을 사로잡았다. 나는 지금까지 스포츠심리학을 오해했다. 얼핏 보면 비슷해 보이지만, 두 심리학은 성격이 전혀 달랐던 것이다. 기사를 매일같이 쓰는 기자였기에 두 학문을 제대로 이해하지 못하고 기사를 썼다는 게 조금은 당혹스럽기도 했다. 그래도 신선했다. 나만 그런 것은 아니었다. 스포츠 산업과 함께 스포츠 과학도 발달한 유럽에서는 선수나 감독 그리고 팀이 스포츠심리학자와 함께 일하는 게 특별한 일은 아니다. 국내 스포츠 팀들도 이를 따라하려는 움직임을 보였으나, 이들도 스포츠심리학과 상담심리학을 구분하지 못하긴 마찬가지였다.

알게 되면 달라진다고 했다. 이상우 박사를 만난 뒤로 스포츠심리학에 관심이 더 생겼고, 해외 사례도 더 적극적으로 찾아봤다. 무엇보다 축구잡지 《포포투》 편집장으로 일할 때 이상우 박사가 쓴 칼럼을 다른 사람보다 먼저 볼 수 있는 기회를 얻었다. 그는 항상 글의 만듦새를 걱정했으나, 나는 글에 담긴 정보와 메시지를 보자고 했다. 내 기준으로는 스포츠심리를 다루는 글 중에 이상우 박사만큼 현장을 중심으로 한 것은 없었다. 글을 하나씩 받으면서 나중에 분명히 책으로 엮어도 의미 있을 거로 생각했다.

만남을 이어가면서 이상우 박사가 이 일을 시작한 지점을 알았다. 그는 연습 때는 잘하는데 시합 때면 주눅드는 자신을 바꾸려고 공부를 시작했다. FC서울을 이상우 박사가 뛰었던 시기에 취재했기에 그 말 뒤에 있는 배경을 상대적으로 잘 이해할 수 있었다. 박주영, 정조국, 기성용, 이청용이 한 팀에서 활약하던 시기에 자신이 가진 걸 보이기란 얼마나 어려웠을까. 보통 사람이라면 거기서 멈췄을 테지만 이상우 박사는 한 발 더 나아갔다.

이상우 박사는 이미 축구화를 벗었지만, 여전히 그와 같은 고민을 하는 선수와 부모가 많다는 걸 안다. 그들이 무엇이 문제인지 고민할 때 이 책을 본다면 분명 도움을 받을 걸로 확신한다. 스포츠는 상대(그게 자신이라도)를 넘어야 승리할 수 있다. 무엇보다 자신을 먼저 바꿔야 이길 확률을 높일 수 있다. 먼저 이런 상황을 겪은 뒤 공부하고 현장에도 적용한 이상우 박사가 쓴 책은 좋은 동반자가 될 것이다.

나도 여전히 일이 막히면 이상우 박사가 쓴 칼럼을 참조한다. 여전히 어렵지만, 불안에 떠는 게 아니라 이용하고, 어떻게든 이길 수 있는 '윈 어글리'를 떠올리려고 한다. 그가 오랜 시간 어렵게 거둔 결실을 담은 책은 값지다.

2024년 1월

'운동선수는 무식하다'라는 편견이 너무 싫었다. 기회가 된다면 학업을 통해 편견을 깨고 싶었다.

"여러분들은 실기 능력이 뛰어나기 때문에 이론만 갖춘다면 우수한 인재가 될 수 있어요. 절대 좌절하거나 포기하지 마세요."

대학 강의에서 운동역학을 가르쳤던 우철호 교수가 강의 도중 운동부 학생들에게 한 말이다. 당시 필자는 취업에 대한 걱정으로 인해 힘든 시간을 보내고 있었다. 하지만 이 말을 듣고 나서 큰 위로를 받을 수 있었고, 생각을 전환할 수 있는 중요한 계기가 되었다.

FC서울에 입단하고 나서 필자의 시야는 더 넓어졌다. 대한민국에 축구를 잘하는 이들이 참 많다는 것을 알게 됐고, 필자의 정체성을 확인할 수 있었다. 재능이 뛰어난 선수, 국가대표 선수들을 뛰어넘기 위해 하루에 4~5번씩 운동을 진행했지만 쉽지 않았다. 시간이 지난 지금 그 당시를 회상해 보면 스포츠과학을 전혀 활용하지 못했던 것 같다. 무식하게 운동만 많이 했다. 이들에게 축구에서는 이길 수 없었지만, 인생에서는 지고 싶지 않았다. 어린 나이에 돌파구가 절실했고 그것은 학업밖에 없었다.

"인하대학교 대학원으로 공부하러 간다고?"

주변 지인들은 왜 서울에 있는 학교에 안 가고 인천으로 가냐며 이상한 눈으로 쳐다봤다. 이유는 간단했다. 대한민국에서 스포츠심리학을 제일 잘 가르쳐 줄 학자가 인하대학교에 있었기 때문이다. 그때의 마음은 지금도 변함이 없다. 당시 곰이 동굴에서 사람이 되기 위해 마늘을 먹었던 것처럼 필자도 연구실에서 축구공이 아닌 책과 더 많은 시간을 보냈다. 필자의 인생에서 꼭 필요한 시간이었다고 생각한다. 지도교수였던 김병준 교수는 필자에게 학문적 아버지가 되어주었고, 오수학 교수는 실패와 좌절을 마주할 때마다 다시 일으켜 세워 주었다. 김영욱 교수는 늘 위기 상황에서 슈퍼맨처럼 나타나 문제를 해결해 주었다. 스포츠 심리전문가 이상우 박사는 이들이 만들었다고 해도 과언이 아니다. 이 책을 통해 감사한 마음을 꼭 전하고 싶다.

K리거에서 스포츠심리학 박사가 되기까지 약 10년이 걸렸다. 스포츠 심리전문가로 활동한 지는 올해로 8년차가 됐다. 그동안 수많은 시행착오

를 겪으며 환희와 좌절을 경험했다. 성공 사례를 만들게 되면 자신감을 가질 수 있었고, 실패 사례를 마주하면 자신을 되돌아보게 됐다. 성공과 실패를 경험하면서 배운 것은 성공 사례가 꼭 좋은 것만은 아니라는 것, 실패 사례도 성장에 도움이 된다는 것이다. 또한 스포츠 심리전문가로서 역량을 갖출수록 더 겸손해야 한다는 것도 알게 됐다. 스포츠 현장에 더 가깝고 깊숙이 들어갈수록 쉬울 것 같지만 더 어렵기 때문이다.

언제부턴가 스포츠 현장에서 활동하며 얻은 정보들을 많은 이들과 나누고 싶었다. 시간이 지날수록 그 마음은 점점 커졌다. 심사숙고 끝에 책을 출간하기로 다짐했고 3년 전부터 목표를 설정한 후 의도적으로 글을 집필했다. 언론 매체 '포포투', '스포츠LAB', '스포츠월드'에 글을 기고했고, 이러한 글을 잘 정리하여 책으로 묶었다. 책을 준비하는 과정은 순탄치 않았다. 본업을 하면서 글을 꾸준하게 쓰는 일은 보통 일이 아니었다. 좋은 아이디어를 떠올리기 위해 사색에 잠기는 시간도 꽤 많았다. 마음과 생각도 자주 흔들렸다. "내가 과연 잘할 수 있을까?" 의문을 갖기도 했다. 다행히 류청 편집장(히든K)의 도움으로 인해 버틸 수 있었다. 늘 좋은 방향으로 이끌어 주기 위해 애를 썼고 끊임없이 용기를 얻게 해주었다. 지면을 통해서나마 감사한 마음을 전한다.

이 책은 K리그 출신이 학업을 통해 얻은 스포츠심리학의 이론적 근거와 스포츠 현장에서 얻은 경험적 근거를 담은 스포츠 멘탈 서적이다. 스포츠 선수가 활용할 수 있는 다양한 심리기술 전략을 소개하고 실제 현장 사례를 통해 이해도를 높일 수 있도록 구성했다. 난이도가 높은 심리기술 전략보다는 쉽고 활용도가 높은 심리기술 전략 위주로 담았다. 또한 이 책을 통해 지도자는 팀 선수들에게 효과적인 멘탈 코칭을 할 수 있고, 부모는 학생 선수가 올바른 성장을 할 수 있도록 도움을 줄 수 있을 것으로 생각된다. 더불어 대한민국에서 마음과 생각을 관리하지 못해 힘들어 하는 모든 스포츠 선수들이 이 책을 통해 조금이라도 힘을 얻었으면 한다.

책이 완성될 수 있도록 큰 도움을 주신 대경북스 김영대 대표, FA photos 이완복 대표, 한국프로축구연맹 교육지원팀(HRD) 박우인 팀장, 권혁주 박사, 강동희 사진기자, 장기문 인천유나이티드 명예사진기자, 김현정 사진작가에게 감사에 마음을 전한다. 마지막으로 아들의 꿈을 위해 수많은 헌신을 한 아버지와 어머니, 그리고 여동생에게 이 책을 바친다.

2024년 1월

이상우
스포츠심리학 박사, 멘탈 퍼포먼스 대표

차 례

제1부 마음과 생각 관리의 첫걸음

제2부 강한 멘탈은 준비과정에서부터 시작된다

제3부 마음의 중심이 견고해야 더 강해질 수 있다

제4부 신뢰로 뭉친 팀은 쉽게 패배하지 않는다

제5부 멘탈이 단단해야 흔들리지 않는다

제6부 훌륭한 지도자는 노력을 통해 만들어진다

제7부 훌륭한 부모가 훌륭한 선수를 만든다

제1부

마음과 생각 관리의
첫걸음

K리그 출신, 스포츠심리학 박사

"어떻게 축구 선수로 활동하시다가 박사가 되셨어요?"

주변 사람들에게 자주 듣는 질문이다. 필자는 선수 시절에 뛰어난 재능이나 기량을 갖춘 선수는 아니었다. 하지만 심리기술훈련(PST : Psychological Skills Training)을 통해 축구 인생에 터닝 포인트를 찾게 되었고, 이후 축구 인생에 많은 변화가 찾아왔다.

심리기술훈련은 노력한 만큼 그라운드에서 실력을 발휘할 수 있게 해주었고, 크고 작은 어려움에도 버틸 수 있도록 만들어주었다. 이처럼 심리기술훈련의 긍정적인 영향은 선수 은퇴 이후 진로를 스포츠 심리전문가의 길로 이끌었고, 필자는 운명처럼 이 길을 받아들였다.

2008년 필자는 FC서울에 어렵게 입단했다. 당시 FC서울에는 전·현직 국가대표 선수들이 즐비했고 무명이었던 필자는 고개를 들 수 없을 만큼 모든 것이 신기하고 어려웠다. 또한 팀 훈련이나 연습경기를 하면 신인의 패기나 자신감 있는 모습을 보여주어야 했지만 필자는 늘 주눅들어 있었다. 시간이 지날수록 자신감은 점점 바닥을 드러내기 시작했다. 어떻게든 현재 상황을 극복하고자 개인 운동을 추가로 실시하고, 주변 지인들에게 자문을 구했지만 별다른 효과는 없었다.

힘든 시간을 보내고 있던 와중에 뜻밖의 기회가 찾아왔다. 그 것은 바로 프로 데뷔다. 후반 35분 벤치에서 콜이 왔다.

"상우, 상우, 빨리 준비해."

당시의 상황은 지금도 몸이 기억하고 있다. 경기 출전을 위해

FC서울 시절 이상우 선수 (출처 : 강동희 사진기자)

준비하는 짧은 시간 동안 갑자기 엄청난 불안감이 몰려왔고, 머릿속은 정신을 차릴 수 없을 만큼 굉장히 복잡했다. 또한 경기장에 들어서자 호흡이 가빠지고 눈앞이 캄캄해졌다. 그렇게 프로 데뷔전은 허무하게 끝이 났다. 이후 필자는 자신의 미래에 대해 진지하게 고민하게 되었다. 어려움을 극복하기 위해 몸과 마음을 바쳐 혼신에 힘을 다했지만 그라운드에서는 마음대로 기량이 발휘되지 않았기 때문이다.

진퇴양난이었다. 하지만 한 줄기의 희망을 찾게 되었다. 그것은 바로 심리상담이다. 당시 FC서울에는 심리상담을 지원하는 스포츠 심리전문가^(인하대 김병준 교수)가 있었다. 주로 팀의 코칭스태프가 저녁식사 시간에 개인 상담을 받을 선수를 체크하게 되는데, 필자는 팀의 주전급 선수들의 눈치를 보며 개인 상담을 받고 싶다고 손을 들었다. 당시 필자의 심정은 지푸라기라도 잡고 싶었다.

첫 개인 상담은 충격적이었다. 멘탈도 훈련을 통해 강해질 수 있다는 것과 스포츠 선수는 멘탈 측면의 준비를 해야 좋은 경기력을 발휘할 수 있다는 것을 처음으로 알게 되었다. "나는 왜 이것을 지금 알게 되었을까?" 당시 필자의 나이 24살이었다.

심리기술훈련은 마음과 생각을 단단하게 만들어주었다. 특히, 스포츠 상황에서 마주하는 다양한 어려움에 현명하게 대처할 수 있도록 힘을 길러주었다. 버틸 수 있는 힘이 생기면서 필자의 기량이 그라운드에서 발휘되기 시작했다. 이전에는 다양한 어려움을 마주하면 당황하고 흔들리며 스스로 무너지는 경우가 많았다. 하지만 이제는 어려움에 현명하게 대처할 수 있게 되면서 마음과 생각의 중심을 잡게 됐다. 가장 흥미로웠던 것은 불안(Anxiety)이 경기력에 도움이 되는 에너지라는 것이었다. 그동안 불안을 불청객으로 인식하고 도움이 안 되는 에너지로 생각했던 것이다.

마음과 생각이 단단해지면서 멘탈은 자연스럽게 강해졌다. 더 이상 주눅 들지 않게 되었고 자기 주도적으로 축구를 하면서 자신 있게 고개를 들 수 있었다. 하지만 필자는 현재에 만족하지 않고 더 이상적인 것을 미리 준비해야 한다고 생각했다. 심리기술훈련을 통해 그라운드에서 자신 있게 축구를 할 수 있게 되었지만, 선수 생활을 더 오래 하기 위해서는 심리기술훈련을 제대로 배워야 할 것 같았다. 또한 FC서울에서 기량이 출중한 선수들을 보게 되면서 미래에 대한 준비를 더 빨리 시작하고 싶었다.

미래에 대한 준비를 남들보다 먼저 시작하기 위해 실행에 옮긴 것은 바로 학업이다. 사회적으로 '운동선수는 무식하다'는 편견이 너무 싫었고 무엇보다 스포츠심리학이라는 학문을 심도 있게 배우고 싶었다. 우여곡절 끝에 2009년 9월부터 학업(대학원)과 운동을 병행하게 되었다. 하지만 주변 사람들의 반응은 상당히 차가웠고 대학원 학생들조차 이상한 눈으로 쳐다봤다. 당시 운동선수가 학업과 운동을 병행하는 것은 무척이나 이례적이고 특수한 상황이었기 때문이다.

FC서울 시절 이상우 선수 (출처 : 강동희 사진기자)

　학업과 운동을 병행하는 것은 생각보다 많이 어려웠다. 특히, 오후 팀 훈련을 마치고 대학원 수업에 참여해야 했기 때문에 지각도 잦았다. 또한 학업 결손으로 인해 대학원 강의 내용과 진도를 따라가지 못하는 경우가 자주 발생했다. 추가적으로 과제를 해야 하는 상황에서 과제 내용을 이해하지 못해 과제를 제출하지 못한 적도 있다. 시행착오를 겪던 필자는 모든 것을 내려놓고 변화를 시도했다. 솔직히 자존심도 상하고 창피했지만 현실을 받아들이기로 결정한 것이다.

　"이해가 잘 안 되는데 다시 한 번만 설명해 주시면 안 될까요?"

　모르는 것을 인정하고 다시 묻기 시작했다. 이는 학생들과 가까워지는 계기가 되었고, 이때부터 이들로부터 많은 도움을 받으며 공부하는 방법을 제대로 배우게 되었다.

학업과 운동을 병행하면서 가장 좋았던 것은 프로 경기를 뛰면서 느낀 다양한 경험을 학교에서 이론적으로 재해석하는 과정이었다. 이렇게 축적된 학문적 지식은 필자의 견문을 넓혀주었다. 하지만 마냥 좋았던 것은 아니다. 강의를 들을 때마다 항상 발가벗은 느낌이 들 정도로 매 순간 어려웠고 힘겨웠다. 특히, 예상치 못한 상황에서 과제를 부여하고 그 과제를 빨리 해결하는 트레이닝을 자주 진행했다. 이를 문제해결 능력이라고 하는데, 필자는 지도교수로부터 문제해결 능력이 부족하다고 자주 지적을 받았다. 무엇보다 전혀 예상치 못한 상황에서 문제를 빠르게 해결해야 하는 것이 매우 어려웠다.

필자는 2016년도에 FC안양에서 선수 은퇴를 했고 2019년도에는 박사학위를 취득했다. 현재는 스포츠 선수들의 마음과 생각을 관리하는 스포츠 심리전문가로 제2의 삶을 살아가고 있다. 필자는 심리기술훈련을 통해 인생에 전환점을 맞이했다. 이제는 많은 이들에게 심리기술훈련을 지원하여 흔들리지 않고 다시 일어서서 싸울 수 있도록 도울 것이다.

스포츠 심리전문가를 꿈꾸는 이들에게

　스포츠 심리전문가로 활동한 지 올해 8년 차가 됐다. 아직도 많은 어려움과 시행착오를 겪으며 성장 중에 있다. 스포츠 심리전문가는 스포츠 팀이나 선수가 겪는 심리적인 어려움에 현명하게 대처할 수 있도록 도움을 주는 사람이다. 예를 들어 자신감이 부족하거나 불안을 관리하지 못하는 선수, 부정적인 생각이나 감정조절에 어려움을 겪는 선수들을 돕게 된다. 추가적으로 스포츠 팀의 응집력을 관리하거나 팀 빌딩 작업을 하기도 한다. 스포츠 현장에는 스포츠심리상담사, 멘탈 코치, 멘탈 트레이너, 멘탈 선생님 등으로 알려져 있다.

　스포츠 심리전문가는 스포츠 팀이나 선수가 어려움을 겪을 때 가장 가까운 거리에서 도움을 주게 된다. 예를 들면 이들이 겪는 어려움과 힘듦을 잘 이겨낼 수 있도록 다양한 심리기술 전략을 공유하고, 이를 통해 현명한 판단을 내릴 수 있는 힘을 키워주게 된다. 스포츠 심리전문가는 어려움을 겪던 스포츠 팀이나 선수가 다시 그라운드에서 담대하게 싸우기 시작할 때 가장 큰 보람을 느낀다. 또한 이렇게 만난 선수들과는 추후 좋은 관계로 발전하게 되는 경우가 많은데, 그 이유는 가장 어렵고 힘든 시간을 함께 보내면서 정이 들기 때문이다.

최근 들어, 스포츠 심리전문가를 꿈꾸는 이들이 상당히 많아졌다. 이는 홈페이지나 SNS 문의를 통해 확인할 수 있다. 처음에는 아무런 부담 없이 필자의 견해를 전달했지만 점점 문의가 많아지면서 책임감과 생각이 많아지게 됐다. 물론 필자의 개인적인 견해가 꼭 맞다고 보기에는 다소 어려움이 있다. 하지만 이 글을 통해 스포츠 심리전문가를 꿈꾸는 이들에게 작은 도움이 되길 소망한다.

스포츠 심리전문가 되기 위해서는 첫째, 학문적 아버지를 잘 결정해야 한다. 여기서 말하는 학문적 아버지는 대학원의 지도교수를 말하며, 이는 스포츠심리학의 학문적 깊이를 좌우하게 된다. 또한 대학 간판을 보고 대학원을 선택하기보다는 역량이 우수한 교수를 보고 대학원을 선택할 것을 권장한다. 즉, 저명한 스포츠 심리학자 밑에서 스포츠심리학을 배우는 것이 매우 중요하다. 추가적으로 자신을 잘 이끌어 줄 수 있는 지도교수 밑에서 스포츠심리학을 배우는 것도 좋은 방법이 될 수 있다. 예를 들면 자신의 진로에 도움이 될 수 있는 연구를 지도해 주거나, 심리기술훈련에 대한 경험을 꾸준히 할 수 있도록 기회를 부여하는 것을 말한다.

학문적 아버지를 잘 결정하기 위해서는 가고자 하는 대학원의 교수에게 메일을 보내서 상담을 미리 진행해 보는 것도 좋은 방법이다. '돌다리도 두들겨 보고 건너라'는 말이 있듯이, 자신의 진로를 준비하는 데 얼마나 적합한지를 미리 확인한 후 대학원에 진학하기를 권한다. 실제로 사전에 상담을 진행하지 않고 대학원에 진학했다가 어려움을 겪는 대학원생이 아주 많다. 심할 경우 학위과정을 중단하고 포기하는 이들도 있다.

또한 스포츠 심리전문가가 되기 위해서는 박사과정까지 마치는 것을 권장한다. 그 이유는 석사과정이 진행되는 2년의 시간 동안 스포츠심리학의 학문을 이해하고 전문성을 갖추기에는 다소 어려움이 있기 때문이다. 즉, 시행착오를 거치며 견문을 넓히는 데 시간이 많이 부족하다. 가능하다면 박사과정을 통해 많은 연구와 프로젝트에 참여하여 전문성을 좀 더 갖출 것을 권장한다.

둘째, 스포츠 현장에 대한 이해도를 높여야 한다. 스포츠 심리전문가는 스포츠심리학의 이론적 근거를 토대로 접근해야 한다. 하지만 현장에 대한 이해도가 높지 않으면 이론적 근거를 효과적으로 활용하지 못하게 된다. 즉, 대학원에서 배울 수 있는 지식과

멘토크 강연 중인 이상우 박사 (출처 : 김현정 사진작가)

현장에서 배울 수 있는 지식의 균형을 잘 맞추어야 한다. 여기서 말하는 현장에서 배울 수 있는 지식은 스포츠 종목의 규칙이나 선수 정보가 아니라, 스포츠 종목마다 가지고 있는 특수성을 말한다. 이러한 특수성은 대학원에서 배울 수 없으며 현장에서 많은 시간을 보내야만 느낄 수 있다. 종목별 특수성과 관련한 정보는 최대한 많이 수집하는 것이 좋다. 그래야 이론적 근거와 경험적 근거를 토대로 정확하고 수준 높은 솔루션을 제공해 줄 수 있기 때문이다.

스포츠 현장에 대한 이해도를 높이기 위해서 지도교수의 심리 기술훈련 지원 활동을 참관하는 것을 권장한다. 참관 과정은 가까운 거리에서 관찰할 수 있고, 이를 통해 지도교수에게 추가 질문과 피드백을 받을 수 있는 장점이 있다. 하지만 참관만으로는 현장에 대한 이해도를 높이는 데 한계가 있다. 추천할 수 있는 방법으로는 한국스포츠심리학회에서 주관하는 스포츠심리상담사 자격 연수에 참여하여 실시하는 현장 수련이 있다. 현장 수련은 급수마다 정해져 있는 시간 동안 팀 교육, 개인 상담, 팀 관찰, 심리측정 분석 등의 다양한 활동을 할 수 있게 되면서 현장에 대한 이해도를 높이는 데 큰 도움을 얻게 된다. 또한 현장 수련을 진행하다 보면 예상치 못한 다양한 어려움을 마주하게 되는데 이러한 어려움은 전문성을 갖추는 데 꼭 필요한 과정이며, 이 과정을 통해 중요한 단서를 많이 찾을 수 있게 된다.

셋째, 열정과 끈기가 필요하다. 박사학위와 스포츠심리상담사 자격증을 취득했다고 해서 바로 스포츠 심리전문가로 활동할 수 있는 것은 아니다. 그 이유는 스포츠 팀이나 선수들이 쉽게 찾아주지 않기 때문이다. 실제로 자격 조건을 갖추어 놓고도 생계에 어려움이 발생하여 스포츠 심리전문가의 길을 포기하고 다른 직업을 선택한 이들도 있다. 필자 역시 이 일을 처음 시작했을 당시 주말도 없이 전국 팔도강산을 돌며 발품을 팔기 시작했고, 온갖 무시와 수모를 당하며 시간을 보냈다. 또한 이 일을 그만두고 싶은 순간도 많았지만, 가슴이 뛰는 일을 하는 것에 만족하며 악착같이 버텼다. 이처럼 스포츠 심리전문가가 되기 위해서는 자격을 갖춘 이후에 힘든 시간을 현명하게 잘 버텨내야 한다.

특히 이 시기에는 스포츠 팀이나 선수를 꾸준히 만날 수 있는 기회를 만들기 위해 노력해야 한다. 예를 들면 지도교수나 선후배에게 부탁을 하거나 SNS 홍보를 해서라도 기회를 만들어야 한다. 상황에 따라 팀을 직접 방문하여 미팅을 진행하는 것도 좋은 방법이 될 수 있다. 최악의 경우 교육비를 낮게 책정해서라도 기회를

멘토크 종료 후 스포츠심리학 박사들과 함께 (출처 : 김현정 사진작가)

만들어야 한다. 이 시기에 꾸준히 팀 교육과 개인 상담을 진행하면 실력을 향상시킬 수 있고, 이를 통해 전문성과 차별성을 갖추게 된다. 전문성과 차별성은 곧 경쟁력을 의미한다. 어려운 시간을 보낼 때 좌절하지 말고 끊임없이 자신만의 경쟁력을 키워야 한다.

강한 멘탈? 인식의 전환이 먼저다

스포츠 선수들의 멘탈을 단단하게 만들기 위해서는 심리기술훈련(PST : Psychological Skills Training)이 필요하다. 심리기술훈련은 스포츠 선수가 시합 상황에서 최고의 경기력을 발휘할 수 있도록 마음과 생각을 관리하는 훈련 방법이다. 스포츠심리학자들은 '부자나라의 훈련법' 또는 '메달 색깔을 바꾸는 데 결정적인 역할을 하는 훈련 방법'이라고 말한다(김병준, 천성민, 2017).

스포츠 경기에서 멘탈은 승패에 차이를 만들어 낼 만큼 매우 중요하다. 특히 스포츠 팀의 전력 분석 수준이 높아지면서 각 팀 선수들이 상대의 장단점을 분석한 후 리그 경기에 참여하기 때문에 멘탈의 중요성은 더욱더 부각되고 있다. 실제로 모든 팀이 상대를 너무 잘 알고 리그 경기에 참여하기 때문에 팀의 지도자와

FC안양 시절 이상우 선수 (출처 : FA photos)

선수들의 멘탈 수준에 따라 경기력과 승패가 달라진다.

스포츠 현장에서 활동하는 지도자와 선수들은 멘탈의 중요성을 누구보다 잘 안다. 하지만 스포츠 현장에 멘탈을 효과적으로 적용하고 기대 효과를 높이기 위해서는 멘탈에 대한 인식 개선이 먼저 필요하다.

첫째, 스포츠 선수들의 멘탈은 치료가 아니라 훈련을 통해 만들어진다. 스포츠 선수들은 아픈 게 아니다. 심리기술 전략을 배우지 않았기 때문에 경기 상황에서 감정조절이 잘 안 되고 실수 후에 쉽게 무너지는 것이다. 근력운동을 하면 근력이 강해지는 것처럼 멘탈도 훈련을 통해 강해질 수 있다.

심리기술훈련은 스포츠 선수를 대상으로 평균의 심리상태에서 이상적인 수준까지 끌어올리려는 목적을 가지고 있다. 하지만 상담심리나 임상심리는 일반인을 대상으로 평균 이하로 떨어진 심리상태를 평균의 심리상태까지 끌어올리려는 목적을 가지고 있다. 즉, 목적과 대상이 다르다. 스포츠 선수들이 평균의 심리상태로 스포츠 상황에서 몰려오는 엄청난 압박감과 불안감을 이겨내기에는 다소 어려움이 있다. 높은 수준의 경기력을 발휘하는 데도 제한이 생긴다. 강한 멘탈은 치료가 아닌 훈련을 통해 만들어진다.

둘째, 심리기술훈련도 기술과 체력 훈련을 하는 것처럼 꾸준함이 필요하다. 스포츠 팀이나 선수들을 대상으로 심리기술훈련을 진행하다 보면 지도자, 선수, 부모의 조급함을 확인할 때가 많다. 팀이 어려울 때 한 번의 특강으로 팀의 심리적인 어려움을 해결하려는 모습도 자주 볼 수 있다. 한 번의 체력훈련으로 체력이 향상되지 않는 것처럼 멘탈도 한 번의 심리기술훈련으로는 큰 효과를 기대하기가 어렵다. 물론 중요한 경기를 앞두고 일회성 심리기술훈련 특강과 상담은 신선한 자극을 줄 수 있지만 지속성을 발휘하기는 어렵다.

기술 훈련에도 패스, 드리블, 킥, 슈팅 등이 있는 것처럼, 심리기술훈련에도 목표 설정, 루틴, 이미지 활용, 자기암시 등의 다양한 심리기술 전략이 있다. 이러한 심리기술 전략을 배우고 현장에 적용하며 숙달되기까지는 많은 시간과 꾸준함이 절대적으로 필요하다. 스포츠 현장에서 심리기술 전략을 한 번도 활용해 보지 못하고 은퇴하는 선수가 아주 많다. 앞으로 스포츠 선수에게 심리기술 전략의 활용은 선택이 아닌 필수 항목이 될 것으로 생각된다.

셋째, 지도자의 역할이 중요하다. 팀의 지도자는 팀 선수들이 심리기술 전략을 훈련과 시합 상황에서 적극 활용할 수 있도록 지도하고 팀 분위기를 만들어주어야 한다. 만약 지도자가 멘탈에 관심이 없고 팀 분위기를 만들어 주지 않으면 선수들이 심리기술 전략을 활용하는 데 어려움을 겪게 된다. 기껏 배운 심리기술 전략은 무용지물이 된다. 이처럼 심리기술훈련을 통해 기대 효과를 높이기 위해서는 지도자의 역할이 매우 중요하다.

스포츠 현장에서 심리기술훈련을 효과적으로 적용하기 위해서는 멘탈에 대한 인식이 먼저 바로잡혀야 한다. 그래야 심리기술훈련의 효과를 기대할 수 있다.

멘탈이 강해지면 어떻게 될까?

스포츠는 멘탈 싸움이다. 아무리 기량이 뛰어나고 체력이 좋아도 결국 정신적인 준비가 되어있지 않으면 승부의 세계에서 살아남기 어렵다. 국가대표급 선수들의 멘탈은 태어날 때부터 타고난다고 생각하는 이들이 많지만, 실제는 전혀 그렇지 않다. 국가대표급 선수들도 크고 작은 어려움을 마주하면 한없이 흔들리고 무너지게 된다.

스포츠 현장에서 멘탈을 관리받는 선수는 어떠한 유형의 선수일까? 대부분의 사람들은 기량이 부족하고 심리적으로 어려움을 겪는 선수들이 관리를 받는다고 생각할 것이다. 하지만 실제는 기량이 출중하고 국가대표급 기량을 가진 선수들이 멘탈 관리를 더 많이 받는다. 이들은 멘탈에 대한 관심도와 심리기술훈련에 대한 집중도가 상당히 높다. 하지만 자신에 대한 정보 노출을 꺼리는 특징이 있다. 물론 심리적으로 어려움을 겪는 선수들도 멘탈 관리를 받는다. 학생 선수들이 대표적인 예가 될 수 있다. 이는 스포츠 심리전문가로 활동하는 필자의 경험적 근거이다.

스포츠 선수의 간절함은 강한 멘탈을 만드는 데 결정적인 역할을 한다. 심리기술훈련을 진행하다 보면 선수의 눈빛, 표정, 말투, 태도 등의 정보를 통해 선수의 간절함을 확인하게 된다. 간절함이 있는 선수는 심리기술훈련에 대한 집중도와 이해도가 높고 부여한 과제 수행 능력이 상당히 뛰어나다. 간절함이 없는 선수는 심리기술훈련에 대한 집중도와 이해도가 낮고 부여한 과제를 소화하지 못하는 경우가 많다. 이러한 선수들은 즉시 심리기술훈련을 중단한다. 심리기술훈련은 선수가 필요로 할 때 가장 좋은 효과를 기대할 수 있기 때문이다.

스포츠 선수가 심리기술훈련을 통해 멘탈이 강해지면 첫째, 시합에 대한 준비 수준이 높아진다. 준비는 강한 멘탈에서 시작되고, 강한 멘탈이 유지되어야 높은 수준의 준비를 실천할 수 있게 된다. 예를 들어, 스포츠 선수는 최고의 컨디션을 만들기 위해 자신의 매크로 루틴(Macro Routine)을 철저하게 지키게 되고, 다양한 심리기술 전략을 활용하여 컨디션에 방해가 되는 요인들을 통제할 수 있게 된다. 추가적으로 경기를 준비하는 과정에서 느끼는 외로움과 공허함 등의 다양한 감정들을 잘 관리할 수 있게 된다. 이러한 높은 수준의 준비는 스포츠 선수가 최고의 경기력을 발휘하고 꾸준한 경기력을 유지하는 데 중요한 역할을 한다.

둘째, 시합에 대한 관리 수준이 높아진다. 스포츠 선수도 사람이다. 좋은 경기력과 많은 인기를 얻게 되면 사회적 태만이 자연스럽게 증가한다. 하지만 멘탈이 강한 선수는 평상시보다 더 많은 준비를 하고 위기의식을 가진다. 즉, 이들은 경기력을 끌어올리는 것보다 유지하는 것이 더 어렵다는 것을 인지하고 있다. 실제로 이들은 경기력이 좋지 않을 때보다 경기력이 좋을 때 더 많은 걱정을 하는 특징이 있다. 경기력이 좋지 않을 때는 본인 스스로 극복할 수 있지만 경기력이 좋을 때는 자신도 모르게 사회적 태만이 증가하기 때문이다. 이 시기에는 스포츠 심리전문가의 역할이 매

FC안양 시절 이상우 선수 (출처 : FA photos)

우 중요하다. 실제로 선수와 잦은 티타임을 통해 이야기를 귀담아 듣고 공감해 주며 심리적인 안정감을 주기 위해 많은 노력을 하게 된다.

셋째, 시합에 대한 대처 수준이 높아진다. 멘탈이 강하다고 해서 매번 좋은 경기를 펼칠 수는 없다. 경기에 오랫동안 출전하지 못하거나 팀 지도자, 선수와 갈등이 벌어질 수도 있다. 이러한 상황에서 선수들은 대부분 자신의 감정을 드러내고 인정하지 않는 경우가 많으며 자신의 본업인 운동을 게을리하게 된다. 궁극적으로 자신의 컨디션 관리를 하지 못하게 된다. 멘탈이 강한 선수는 상황을 빠르게 인정한 뒤 자신의 감정과 말을 아끼며 현재에 집중하게 된다. 지나간 일은 되돌 수 없고 미래의 일은 아직 일어나지 않았기 때문에 현재에 집중하면 미래를 바꿀 수 있기 때문이다. 빠른 인정과 현재 집중은 심리적 타격을 빠르게 회복할 수 있도록 도움을 준다.

스포츠 선수의 강한 멘탈은 타고나는 것이 아니다. 기량과 상관없이 훈련을 통해 만들어진다. 스포츠 선수의 멘탈이 강해지면 경기 준비와 관리 그리고 대처 수준이 높아지는 것이다.

제2부

강한 멘탈은
준비과정에서부터
시작된다

성공하는 선수는 불안이 반갑다

좋은 성과를 올리는 선수는 불안(Anxiety) 에너지를 아주 반가운 손님으로 여긴다. 불안과 친하게 지내야 하는 이유를 알고 있기 때문이다. 이들은 대부분 불안을 긍정적으로 해석하고 효과적으로 활용하여 자신의 기량을 유감없이 발휘하게 된다. 하지만 스포츠 현장에는 아직도 불안을 긍정적으로 해석하는 이들보다 그렇지 않은 이들이 더 많다. 불안을 긍정적으로 해석하지 못하면 자신의 기량을 충분히 발휘하는 데 어려움을 겪게 된다. 심할 경우 훈련과 경기 상황의 경기력이 다르게 나타나기도 한다.

스포츠심리학자들은 불안의 강도보다 해석의 방향이 더 중요하다고 말한다(Jones & Swain, 1992). 즉, 선수가 불안을 긍정적으로 해석하면 경기력에 도움이 되지만, 부정적으로 해석하면 경기력에 도움이 되지 않는다는 것이다. 실제로 선수들은 적정 수준의 불안감이 있을 때 좋은 경기력을 발휘할 수 있고, 오히려 불안감이 전혀 없을 때는 좋은 경기력을 발휘하기가 어렵다고 말한다. 이를 통해 선수들에게 불안은 부정적인 에너지가 아니라 긍정적인 에너지라는 것을 알 수 있다.

불안에는 촉진 효과가 있다. 프로 골프에서 컷을 통과한 골퍼가 컷을 탈락한 골퍼보다 시합 전 불안 수준이 더 높았다는 연구가 이를 뒷받침한다(Bois, Sarrazin, & Boiche, 2009). 실제로 불안의 촉진 효과를 아는 선수들은 시합 당일 불안이 몰려오면 당연한 일이라고 인식하고 따뜻하게 맞이한다. 만약 불안이 몰려오지 않는다면 불안감을 높이기 위해 다양한 심리기술 전략을 활용하게 된다. 불

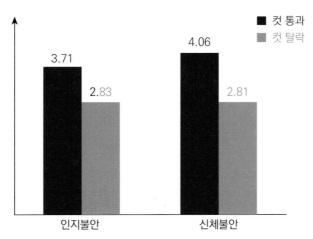

컷 통과와 탈락 골퍼의 불안감
(Bois, Sarrazin, Southon, & Boiche, 2009)

안 에너지가 없으면 좋은 경기력을 발휘할 수 없기 때문이다. 실제로 경기 전에 의도적으로 불안감을 높이는 스포츠 선수들이 아주 많다.

선수는 경기를 준비하는 과정에서 인지불안(Cognitive Anxiety)과 신체불안(Somatic Anxiety)을 경험하게 된다(김병준, 2021). 인지불안은 머릿속 불안을 말하며 경기 시작 48시간 전부터 높아지는 경향이 있다. "잘할 수 있을까?", "못하면 어떻게 하지?" 등을 예로 들 수 있다. 신체 불안은 몸으로 표출되는 불안을 말하며 경기 시작 1시간 전부터 높아지는 경향이 있다. 하품이 나오고 맥박수가 빨라지며 몸이 경직되는 것을 예로 들 수 있다. 이러한 인지불안과 신체불안은 평균적으로 경기 시작 1시간 전에 가장 높고 경기 시작과 동시에 감소하는 모습을 나타낸다. 이러한 불안의 유효기간을

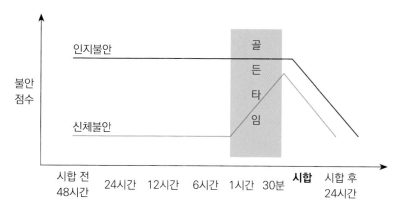

시합 불안 변화 그래프(김병준, 2021)

성공하는 선수는 불안이 반갑다

이해한다면 불안과 더 친해질 수 있다.

스포츠 선수가 불안을 효과적으로 관리할 수 있는 방법으로는 다음과 같은 것들이 있다.

첫째, 통제 가능성을 구분하는 것이다(김병준, 천성민, 권혁주, 2018). 스포츠 선수가 불안감이 높아지면 통제 불가능한 것에 집중하게 된다. 예를 들어 좋은 경기력 발휘, 승리, 득점, 무실점, 실수하지 않기 등이 있다. 통제 불가능한 것에 집중하면 아직 일어나지 않는 미래의 일들에 대해 집중하게 됨으로써 집중력 감소로 이어져 경기력에 도움을 주지 못한다. 이때 선수는 집중의 방향을 바로잡아 통제 가능한 것에 집중해야 한다. 예를 들면 자신의 역할과 임무에 더 집중하기, 팀 전술전략을 한번 더 체크하기, 심리기술 전략 활용 등이다. 통제 가능한 것은 선수가 현재에 온전히 집중할 수 있도록 도움을 주고, 집중력 향상으로 이어지게 된다.

둘째, 과정 단서에 집중하는 것이다(김병준, 2021). 스포츠 선수가 불안을 관리하지 못하면 집중력이 감소하여 마음의 갈피를 잡지 못하게 된다. 이때 선수는 좋은 경기력을 발휘하는 데 도움이 되는 자신만의 과정 단서를 설정하여 집중할 수 있어야 한다. 과정 단서는 과정에 관련된 핵심 포인트를 말하는데, 선수마다 중요하게 생각하는 과정 단서가 있다. 축구 선수의 예를 소개하면 A 선수의 '끝까지 러닝 디펜스', B 선수의 '첫 터치와 볼 이동시키기', C 선수의 '경합 상황에서 더 강하게 부딪치기' 등이다. 과정

단서는 선수의 흔들리는 마음과 생각을 바로 잡아주게 되고 집중력을 유지할 수 있게 한다.

　스포츠 선수는 불안이 몰려오면 따뜻하게 맞이하고 친해질 수 있어야 한다. 불안과 친해져야 높은 집중력을 유지하며 좋은 경기력을 발휘할 수 있기 때문이다.

불안을 관리해야 멘붕을 피할 수 있다

스포츠 선수에게 불안은 긍정 에너지이다. 하지만 불안을 효과적으로 관리하지 못하면 멘붕에 빠질 수 있다. 이에 대한 카타스트로피 이론(Hardy & Parfitt, 1991)을 소개한다. 카타스트로피 이론은 적정 수준의 인지불안(Cognitive Anxiety)은 선수 경기력에 도움을 줄 수 있지만, 인지불안이 적정 수준을 넘어서게 되면 경기력에 문제가 발생하게 되고, 이때 신체불안(Somatic Anxiety)도 같이 상승하면서 멘붕에 빠지게 된다는 이론이다. 재앙이나 파국이라는 의미의 카타스트로피를 스포츠 선수의 멘탈이 무너지는 상황에 빗대어 사용한 것이다.

카타스트로피에 빠지면 숨이 차고 앞이 보이지 않으며 몸이 경직되는 특징이 있다. 회복에는 20~30분의 시간이 걸린다. 실제

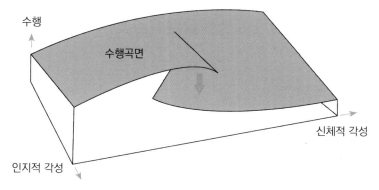

수행

수행곡면

신체적 각성

인지적 각성

불안과 수행에 관한 카타스트로피 모형(Hardy & Parfitt, 1991)

스포츠 현장에서 불안을 관리하지 못해 멘붕에 빠지는 선수들이
상당히 많다. 필자 역시 K리그 데뷔전에서 멘붕에 빠지면서 준비
한 것을 하나도 보여주지 못하고 좌절을 맛본 경험이 있다. 카타
스트로피는 비교적 높은 불안감을 마주했을 때 자주 발생한다. 예
를 들면 중요한 경기를 하거나 강한 상대와 경기를 할 때, 신인 선
수가 프로 데뷔전을 할 때, 저학년 선수가 고학년 선수의 경기에
참여할 때 등이다.

아무리 훌륭한 선수라도 낯선 환경이나 강한 상대와 경기를 하
면 불안감이 높아질 수밖에 없다. 이때 스포츠 선수는 카타스트로
피에 빠지지 않기 위해 높은 불안감을 관리할 수 있어야 한다. 이
때 권장할 만한 심리기술 전략으로는 에너지 수준 관리(김병준, 2012)
가 있다. 스포츠 현장에서 선수들이 경기 전에 이어폰이나 헤드셋
을 이용하여 음악을 듣는 장면을 쉽게 확인할 수 있다. 이러한 행

에너지 수준을 높이는 방법	에너지 수준을 낮추는 방법
· 신체 활동하기(WTF, 산책)	· 심호흡하기
· 이미지 활용하기(좋은 경기력)	· 이미지 활용하기(좋은 경기력)
· 긍정적인 자기암시 하기	· 긍정적인 자기암시 하기
· 신나는 음악 듣기	· 조용한 음악 듣기
· 에너지 드링크 섭취하기	· 스트레칭 하기

에너지 수준을 관리하는 방법(김병준, 2012)

동들은 선수들이 에너지 수준을 관리하고 있는 것이다. 에너지 수준 관리는 스포츠 선수가 시합 전에 꼭 활용해야 하는 심리기술 전략 중 하나이다.

에너지 수준은 스포츠 선수의 각성 상태를 말한다. 스포츠 선수는 최고의 경기력을 발휘하는 데 도움이 되는 자신만의 각성 수준이 있는데, 이를 최적 에너지 존이라고 말한다. 선수는 경기 전에 이를 반드시 관리한 후 경기에 참여해야 한다. A 선수는 "에너지 수준을 관리하여 에너지 존에 도달하면 높은 집중력과 몰입(Flow) 상태를 경험하게 된다."라고 말한다. 최근 진행된 경기 중에 가장 좋은 경기력을 발휘한 경기들의 에너지 수준을 체크해 보면 자신의 최적 에너지 존을 확인할 수 있다.

스포츠 선수는 경기장에 도착한 후부터 바로 에너지 수준 관리를 시작한다. 이때 매우 중요한 것은 자신의 최적 에너지 존보다 에너지 수준이 낮으면 높일 수 있어야 하고 에너지 수준이 높으면 낮출 수 있어야 한다는 것이다. 에너지 존은 야구경기에서 스트라이크 존처럼 존에만 도달하면 된다. 선수들은 이를 스스로 확인할 수 있다.

한편 경기 시작 30분 전까지 에너지 수준 관리를 마치는 것을 권장한다. 즉, 경기 시작 30분 전에는 최적 에너지 존에 도달해 있어야 한다는 의미다. 하지만 종목마다 경기를 준비하는 과정이 다르기 때문에 종목의 특성을 고려하여 설정할 필요가 있다. 예를 들면 축구의 경우, 경기 시작 30분 전까지 에너지 수준을 관리할 수 없기 때문에 워밍업 전까지 관리하는 것을 권장한다. 교체 선수는 전반전 시작 후 벤치에서 에너지 수준 관리를 시작한다.

에너지 수준을 관리하는 방법은 다양하다.

첫째, 이미지와 자기암시를 활용한다. 이는 스포츠 선수가 에너지 존에 도달했을 때의 경기력을 머릿속에 그리며 자기암시를 활용하는 것을 말한다. 둘째, 음악을 활용한다. 스포츠 선수 10명 중 9명이 음악으로 에너지 수준을 관리할 정도로 효과가 상당히 좋다. 에너지 수준을 높이려면 신나는 음악, 낮추려면 잔잔한 음악을 선택하는 식이다. 대부분의 스포츠 선수들은 자신만의 사운드트랙을 가지고 있다. 추가적으로 에너지 수준을 높이기 위해서는 신체활동하기, 에너지 드링크 마시기 등이 있으며 낮추기 위해서는 심호흡, 스트레칭 등을 활용할 수 있다.

경기 전에 에너지 수준을 관리했다고 해서 끝나는 것은 아니다. 경기 중에 에너지 수준이 변화될 수 있다. 예를 들면 상대의 거친 파울, 연속적인 실수 등으로 인해 에너지 수준이 높아질 수 있다. 반대로 상대 팀의 낮은 난이도 수준, 경기 승패가 쉽게 결정났을 때 에너지 수준이 낮아질 수 있다. 이 때 선수는 자신의 최적 에너지 존을 벗어나지 않도록 관리할 수 있어야 한다. 예를 들면 심호흡, 신선한 자극(꼬집기), 긍정적인 자기암시 등을 활용하여 관리하는 것을 권장한다. 만약 경기 중에 에너지 존을 유지하지 못하고 벗어나게 되면 집중력에 문제가 발생하게 된다.

스포츠 선수는 카타스트로피에 빠지지 않기 위해 반드시 에너지 수준을 관리해야 한다. 만약 에너지 수준을 관리하지 않으면 쉽게 멘붕에 빠질 수 있다.

머리로 성공을 그리면, 현실이 되는 마법

스포츠 선수는 시합을 준비하는 과정에서 의식적으로 머릿속에 이미지(Imagery)를 그리며 정신력을 강화한다. 선수가 이미지를 활용하면 훈련 상황에서 학습 속도를 높일 수 있고, 시합에서는 동작의 자동화를 통해 경기력에 도움을 줄 수 있다. 이러한 이미지 활용은 스포츠 현장에서 선수가 자주 활용하는 심리기술 전략 중 하나이다. 또한 상대가 강하거나 중요한 경기일수록 이미지 활용 수준은 더욱더 높아진다. 이미지 활용은 실제 훈련과 비슷한 효과가 있다.

이는 미국 시카고대학의 연구진(Haefner, n. d.)이 밝힌 농구 자유투 연구 결과를 통해 확인할 수 있다. A집단은 30일간 자유투 연습을 전혀 하지 않고, B집단은 30일간 농구장에서 자유투 연습을

	A집단	B집단	C집단
방법	30일간 자유투 연습을 전혀 하지 않음.	30일간 자유투 연습을 매일 진행함.	30일간 자유투 연습을 이미지로 진행함.
결과	성공률이 전혀 향상되지 않음.	성공률이 24% 향상되었음.	성공률이 23% 향상되었음.

미국 시카고 대학의 농구 자유투 연구(Haefner, n. d.)

진행하였으며, C집단은 30일간 이미지로만 자유투 연습을 진행하였다. 결과는 자유투 연습을 전혀 하지 않은 A집단은 자유투 성공률이 전혀 향상되지 않았고, 매일 자유투 연습을 진행한 B집단은 24%, 이미지로만 자유투 연습을 진행한 C집단은 자유투 성공률이 23% 향상된 것으로 나타났다. 이러한 연구 결과는 스포츠 선수가 이미지를 활용해야 하는 이유를 정확히 말해주고 있다.

스포츠 선수가 이미지를 활용할 때 고려해야 하는 사항이 있다.

첫째, 선명도와 조절력이다. 선명도는 선수가 실제 경기 상황을 얼마나 동일하고 선명하게 머릿속에 그릴 수 있느냐를 의미한다. 예를 들어 경기장의 주변 환경, 잔디 상태, 선수의 플레이 스타일, 다양한 감정 등을 머릿속에 동일하고 선명하게 그릴 수 있어야 한다. 또한 조절력은 선수 본인이 상상하고 싶은 성공 장면을 자유롭게 머릿속에 그릴 수 있느냐를 의미한다. 예를 들어 상대 선수와의 공중 볼 경합에서 이기는 상상, 1 대 1 찬스에서 골문 구석으로 볼을 밀어 넣는 상상 등을 말할 수 있다. 만약 선수가 실수하는 장면을 상상하면 실제 경기에서도 같은 실수가 일어나고 경기력에 도움이 되기가 어렵다. 이때 선수는 바로 성공 이미지로 전환시킬 수 있어야 한다.

둘째, 내적·외적 관점이다. 내적 관점(Internal Perspective)은 자신의 입장에서 이미지를 활용하는 것을 말하며 개인 기량에 초점이 맞춰진 관점이다. 예를 들어 1 대 1 돌파를 시도하는 상상을 하거나 승부차기를 차는 상상 등으로, 이때 선수 뒤의 이미지는 그려지지 않는 특징이 있다. 즉, 승부차기를 하는 상상을 하면 골대와 골키퍼만 머릿속에 그려지고 선수 뒤에서 어깨동무를 하고 있는 동료들이나 벤치의 모습은 머릿속에 그려지지 않는다.

외적 관점(External Perspective)은 외부 관찰자 입장에서 이미지를 활용하는 것을 말한다. 카메라에 찍힌 자신의 모습을 보거나 관중석에 올라가서 자신의 경기를 보는 상상을 예로 들 수 있다. 선수들은 동료들과의 호흡, 라인 컨트롤, 위치 선정 등을 상상할 때 외적 관점을 통해 이미지를 활용하게 된다. 또한 선수에게 내적·외적 관점은 모두 경기력에 도움을 줄 수 있으며, 선수가 상상하고 싶은 이미지에 따라 내적·외적 관점을 효과적으로 활용할 수 있어야 한다.

정신적으로 강한 선수는 경기 전에 다양한 이미지 활용 방법을 실천한다. 경기 전에 활용할 수 있는 이미지 활용 방법은 PP(Paper Pen) 이미지 활용, WTF(Walking Through Floor) 이미지 활용

FC안양 시절 이상우 선수 (출처 : FA photos)

방법이 있다(김병준, 2014). 대부분의 선수들은 경기를 앞두고 이미지를 활용하지만, 많은 선수들이 이미지가 정리되지 않은 상태에서 경기에 참여한다. 하지만 PP 이미지는 종이와 펜을 이용하여 기록하며 이미지를 활용하기 때문에 이미지가 잘 정리된 상태에서 경기에 참여할 수 있다. 궁극적으로 선수 본인이 경기에서 해야 할 역할과 임무가 명확하게 정리되면서 흔들림 없이 냉철하게 경기를 풀어갈 수 있게 된다.

WTF 이미지 활용은 걸으면서 하는 이미지 활용 방법이다. 경기 전날 선수들이 산책을 하거나 조깅하면서 이미지를 활용하고, 경기 전에 선수들이 그라운드에 들어가서 잔디를 체크하며 이미지를 활용하는 것을 예로 들 수 있다. 또한 효과적으로 머릿속에 이미지를 그리기 위해 음악을 활용할 것을 적극 권장하는데, 이는 PP 이미지보다 경기 감각을 더 끌어올려 주는 장점이 있다.

이미지는 경기 전에만 활용하는 것이 아니다. 경기 중에도 이미지를 적극 활용해야 한다. 경기력을 잘 발휘하고 유지할 수 있도록 성공 이미지를 지속적으로 머릿속에 그릴 수 있어야 한다. 이러한 성공 이미지는 경기 상황에서 선수의 예측력과 반응속도를 높이며 동작의 자동화를 경험할 수 있게 한다. 축구 선수가 볼이 올 것을 예측하여 미리 움직이거나 사전에 커버 플레이를 펼치는 것을 예로 들 수 있다.

이처럼 스포츠 선수는 시합을 하기 전에 머릿속으로 성공 이미지를 그린 후 시합에 참여해야 한다. 그래야 자신이 발휘할 수 있는 높은 수준의 경기력을 발휘할 수 있게 된다.

성공을 부르는 주문 '자기암시'

　　스포츠 선수는 경기장에 도착한 후 경기를 준비하는 과정에서 높은 수준의 압박감과 부담감을 마주하게 된다. 그 이유는 결과를 만들고 증명해야 하기 때문이다. 여기서 말하는 결과는 좋은 경기력과 승리를 의미한다. 펜싱 선수 A는 "경기를 준비할 때마다 외롭다는 생각을 많이 하게 되는 것 같아요."라고 말한다. 마주하는 다양한 감정과 어려움을 그 누구도 해결해 줄 수 없고, 오로지 선수 본인이 이겨내야 하기 때문이다. 이렇게 높은 수준의 압박감과 부담감은 메이저급 대회이거나 강한 상대와 경기를 해야 할 때 더욱더 높아진다.

　　스포츠 선수들은 경기 전에 마주하는 압박감과 부담감을 효과적으로 관리하기 위해 다양한 심리기술 전략을 활용한다. 그 중 가장 많이 활용하는 심리기술 전략으로 자기암시^(Self-talk)가 있다. 자기암시는 자신과 나누는 내면의 대화이며 스포츠 선수들에게 만족도가 높은 심리기술 전략 중 하나이다. 또한 자기암시를 활용하면 집중력과 자신감을 높여주고 불안감을 낮추며 선수 본인을 긍정적인 방향으로 이끌어 준다. 스포츠 현장에서는 자기암시보다 혼잣말로 더 많이 알려져 있다.

스포츠 선수들이 활용할 수 있는 긍정적인 자기암시는 동기유발형과 동작집중형이 있다(Van Raalte, Vinvent, & Brewer, 2016). 동기유발형은 "나는 할 수 있다.", "자신 있게 하자." 등의 칭찬 및 격려와 관련된 자기암시를 말한다. 이러한 자기암시는 높은 동기 수준과 시합 전에 이상적인 마음가짐을 갖추는 데 큰 도움을 준다. 실제로 스포츠 선수들은 팀 버스를 타고 경기장으로 이동하거나 선수 대기실에서 워밍업을 준비할 때 동기유발형 자기암시를 자주 활용한다고 말한다.

동작집중형은 "볼을 끝까지 보자.", "자세를 더 낮추자." 등의 기술에 관련된 자기암시를 말한다. 동작집중형 자기암시는 경기 시간에 가까워질수록 스포츠 선수들이 자주 활용하며, 특히 경기 상황에서 많이 활용하게 된다. 이러한 자기암시를 활용하면 높은 집중력과 함께 경기 중에 발생하는 문제들을 빠르게 해결할 수 있다. 추가적으로 중요한 기술이나 동작의 성공 가능성을 높이고, 이는 곧 경기력 향상으로 이어진다. 동기유발형과 동작집중형 자기암시는 모두 경기력에 도움을 줄 수 있는 긍정적인 자기암시이며, 스포츠 선수는 이러한 긍정적인 자기암시를 적극 활용할 수 있어야 한다.

스포츠 선수들이 긍정적인 자기암시만 활용한다면 문제가 되지 않겠지만, 아쉽게도 부정적인 자기암시를 하는 선수들도 아주 많다. 스포츠 선수가 부정적인 자기암시를 하면 선수 본인을 부정적인 방향으로 이끌게 되고, 현재에 집중하지 못하면서 경기력에 좋지 않은 영향을 준다.

수영 선수 B는 "부정적인 자기암시를 하면 저도 모르게 감정이 나빠지게 되고 경기력에 도움이 되지 않는 것 같아요."라고 말한다. 실제로 스포츠 현장에 부정적인 자기암시로 인해 좋은 경기력을 발휘하지 못하는 선수들이 아주 많다.

스포츠 선수들이 자주 하는 부정적인 자기암시는 자기비난형과 부정예측형이 있다(Hatzigeorgiadis, Zourbanos, Galanis, & Theodorakis, 2014). 자기비난형은 "나는 역시 안 돼.", "나는 실력이 부족해." 등의 자신을 비난하는 자기암시를 하는 유형을 말한다. 이러한 자기암시는 경기가 잘 풀리지 않거나 연속으로 실수를 했을 때 또는 경기에서 패했을 때 스포츠 선수들이 자주 한다고 말한다. 자기비난형 자기암시는 스포츠 선수의 자신감과 동기 수준을 감소시키고 경기력에 부정적인 영향을 준다.

부정예측형은 "실수할 것 같다.", "오늘 경기는 질 것 같다." 등의 부정적으로 미래를 예측하는 자기암시의 유형을 말한다. 이러한 자기암시는 스포츠 선수들이 선수 대기실에서 경기를 준비할 때 또는 경기 상황에서 자주 한다고 한다. 또한 부정예측형 자기암시는 스포츠 선수의 집중력을 감소시키고 불안감을 높이며 부정적으로 예측한 일들이 실제 경기에서 일어나게 만든다.

박상영 선수 (출처 : Alamy)

스포츠 선수는 부정적인 자기암시가 자신의 경기력에 도움을 줄 수 없다는 것을 반드시 인지하고, 어떠한 상황에서도 긍정적인 자기암시를 활용하여야 한다. 스포츠심리학자들은 스포츠 선수들이 부정적인 자기암시를 하지 않을 것을 권장한다. 하지만 스포츠 선수도 사람이기 때문에 자신도 모르게 부정적인 자기암시를 하게 된다. 이때 스포츠 선수는 현명하게 판단해야 한다. 즉, 부정적인 자기암시를 빠르게 긍정적인 자기암시로 바꾸어야 한다. 예를 들면 "오늘 경기에서 실수할 것 같다."와 같은 부정예측형 자기암시를 했다면 "생각의 속도를 높이면 좋은 경기를 할 수 있어." 등의 동기유발형 자기암시로 빠르게 바꿀 수 있어야 한다.

스포츠 선수는 긍정적인 자기암시를 통해 자신을 긍정적인 방향으로 이끌어야 한다. 그래야 선수 스스로 좋은 경기력을 발휘할 수 있는 가능성을 높일 수 있다.

목표와 목적이 명확해야 꿈을 이룰 수 있다

대한민국 축구 국가대표팀의 주장 손흥민(32·토트넘)이 2021-2022 잉글리시 프리미어리그(EPL)에서 아시아인 최초로 득점왕에 올랐다. 당시 손흥민의 득점왕 수상은 대한민국 국민으로 상당히 자랑스럽고 축구인으로서 많은 생각을 하게 했다. 결과적으로 앞으로 손흥민 같은 선수가 대한민국에서 더 많이 나왔으면 하는 바람과 함께 어떻게 하면 훌륭한 선수가 더 많이 나올 수 있을지 고민을 하게 만들었다.

스포츠 현장에 심리지원을 나가게 되면 재미있고 긍정적인 장면을 자주 확인하게 된다. 예를 들면 손흥민을 연상케 하는 학생 선수를 쉽게 찾아볼 수 있다. 등번호 7번과 주장 완장을 차고 스타킹은 무릎까지 올리며 카메라 골 세리머니를 시도한다. 또는 높은

자신감을 드러내며 자신의 기량을 유감없이 발휘하는 선수도 볼
수 있다. 하지만 경기 종료 후 스포츠 현장에서 활동하는 지도자
나 부모와 대화를 나누다 보면 필자의 생각과 상반된 정보를 확인
하게 된다.

A 지도자는 "요즘 선수들은 버티는 힘이 너무 약해. 특히, 조금
만 힘이 들거나 어려운 상황이 오면 팀을 쉽게 옮기려고 해.", B
지도자는 "요즘 선수들은 자신의 기량을 너무 믿고 개인적인 노

경주한수원 여자축구단 포지션별 팀 목표(2023)

력을 거의 하지 않아. 팀에서 노력하는 선수를 손에 꼽을 수 있을 정도야." 고3 학생 선수를 키우는 C 부모는 "고 3 시기는 대학 진학 때문에 매우 중요한 시기인데, 우리 아들은 조금만 마음에 들지 않으면 축구를 그만두려고 해요. 부모 입장에서 너무 힘들어요."라고 말한다.

학생 선수의 꿈은 대부분 대한민국 축구국가대표 선수나 K리그 선수가 되는 것이다. 필자의 경험적으로 보면 축구 실력도 매

MF

장기 목표 (10월 - 11월)
WK리그 우승
● 매 경기 결과는 내려놓고 현재에 집중하기.
● 멘탈 관리(에너지 존) 수준 높이기.
● 개방형 대화, 윈 어글리 전략 발휘하기.

중기 목표 (07월 - 09월)
체력 관리 및 회복
● 영양 섭취, 충분한 수면과 휴식 취하기.
● 부상 예방을 위해 치료와 보강운동 꾸준히 하기.
● 좋은 컨디션을 위한 나만의 매크로 루틴 만들기.

단기 목표 (04월 - 06월)
윈 어글리 전략 발휘
● 공중볼, 세컨드 볼 싸움에서 과감하게 경합하기.
● 많은 활동량을 통해 주도적으로 플레이하기.
● 의사소통을 통해 도전적인 패스 시도하기.

FW

장기 목표 (10월 - 11월)
WK리그 우승
● 골문 앞에서 책임감 가지고 플레이하기.
● 최고의 컨디션 유지 및 관리하기(매크로 루틴).
● 팀 동료를 믿고 더 자신감 있게 플레이하기.

중기 목표 (07월 - 09월)
공격 패턴 및 득점력 강화
● 공격 찬스에서 적극적으로 침투하기.
● 공격 상황에서 영리하게 플레이하기.
● 높은 집중력을 통해 위협적인 슈팅 시도하기.

단기 목표 (04월 - 06월)
공격에 대한 자신감 향상
● 팀 동료를 믿고 장점이 발휘될 수 있도록 도와주기.
● 약속된 팀 패턴 플레이를 적극 실천하기.
● 전방에서부터 적극적으로 경쟁하고 압박해주기.

목표와 목적이 명확해야 꿈을 이룰 수 있다

우 중요하지만 결국 크고 작은 어려움을 얼마만큼 버틸 수 있느냐가 더욱 중요하다. 손흥민도 수많은 우여곡절 끝에 세계 최고의 선수가 되었다.

이러한 학생 선수의 꿈을 이루는 데 도움을 줄 수 있는 심리기술 전략은 목표 설정(Goal Setting)이 있다. 목표 설정은 목표를 달성하기 위해 더 집중하게 해주고 더 노력하게 하며 노력을 지속시켜 주는 효과가 있다. 만약 학생 선수의 목표가 명확하지 않다면 크고 작은 어려움에 쉽게 흔들리게 되고 꿈을 이루는 데 요구되는 의도적인 행동을 중단하거나 포기하는 일이 발생한다.

스포츠심리학자들은 목표를 달성하기 위해서는 목적이 명확해야 한다고 말한다(김병준, 천성민, 권혁주, 2018). 목표는 학생 선수가 달성해야 하는 결과라면 목적은 목표를 달성해야 하는 이유라고 말할 수 있다. 예를 들면 "나는 축구를 가장 좋아하고 잘하기 때문에 축구에 모든 것을 걸어야 해", "내가 축구 선수로 성공해야 우리 집안을 일으킬 수 있어." 또는 어떠한 상황이나 인과 관계가 목적이 될 수 있다. 이러한 명확한 목적이 있는 학생 선수는 중심을 잡고 목표 달성을 위해 높은 에너지 소비와 의도적인 행동을 발휘하게 된다. 하지만 목표와 목적이 명확하지 않다면 현명한 판단을 내리지 못하게 되고 주어진 시간을 알뜰하게 활용하지 못하게 된다.

목표 설정은 단기, 중기, 장기, 최종 목표로 구분해서 설정해야 한다. 즉, 큰 목표를 작은 목표로 쪼개서 효율성을 높여야 한다. 또한 단기, 중기, 장기, 최종 목표를 설정했다면 각각의 목표에 대한 세부 목표를 추가로 설정해야 한다. 여기서 말하는 세부 목표는 각각의 목표를 달성하는 데 도움이 되는 중요한 작은 목표를 말한다. 목표 설정의 주기는 보통 1년으로 잡는다. 스포츠심리학자마다 의견이 분분하지만 대한민국의 스포츠 문화를 고려했을 때, 1년 주기가 가장 적합하다고 판단된다. 그 이유는 매년 한 치 앞을 예상할 수 없기 때문이다. 필자 역시 해마다 1년 주기로 목표를 설정한 후 달성해 나가고 있다. 최종 목표는 조금 다르다. 2~3년 안에 달성할 수 있는 목표를 설정하면 된다.

효과적인 목표를 설정하기 위해서는 좋은 목표와 좋지 않은 목표를 구분할 수 있어야 한다(Corley, 2010). 흔히들 "최선을 다하자.", "열심히 하자.", "후회 없이 하자." 등으로 목표를 설정하는데, 이러한 목표는 좋지 않다. 달성 여부의 기준이 없고 도전할 만한 목표도 아니기 때문이다. 좋은 목표는 구체적이고 실현 가능하며 자신의 통제 범위 안에 있는 목표다. 추가적으로 달성 마감 시간이 정해져 있어야 한다. 예를 들면 단기 목표는 1월부터 4월까지, 중기 목표는 5월부터 8월까지, 장기 목표는 9월부터 12월까지 등으로 설정할 수 있다.

좋은 목표를 설정하고 달성하기 위해서는 지도자와 부모의 도움이 필요하다. 지도자는 누구보다 학생 선수의 장단점을 잘 알고 있기 때문에 좋은 목표를 설정하는 데 큰 도움이 된다. 또한 팀 지

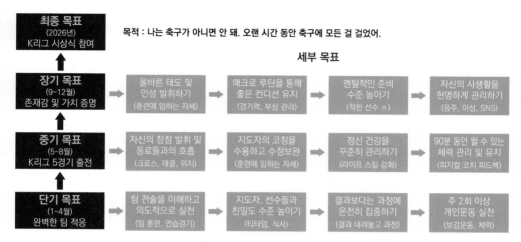

K리그 신인 선수의 목표 설정(2023)

도자의 정보를 토대로 목표를 설정했기 때문에 학생 선수의 동기 수준을 높일 수 있고, 성장의 방향과 속도에 긍정적인 영향을 주게 된다. 추가적으로 목표에 관련하여 지도자와 학생 선수가 피드백을 주고받으면서 서로에 대한 믿음과 신뢰가 높아지게 된다. 실제로 U18 팀의 지도자는 동계훈련 기간에 팀 목표와 개인 목표를 설정하고 지도자가 목표에 대한 정보를 인지한 뒤, 팀 선수들이 올바른 방향으로 성장할 수 있도록 돕고 있다.

유년 시절부터 부모가 옆에서 목표를 설정할 수 있도록 돕고 중요성을 인지시키면 목표 설정이 습관화된다. 이런 학생 선수는 성인이 돼서도 목표와 꿈을 가지고 살아간다. 실제로 한국 사회에서 꿈 없이 살아가는 성인 남녀가 생각보다 아주 많다. 또한 부모와 학생 선수가 같이 목표를 설정하면 많은 대화를 나눌 수 있고, 이를 통해 나아가야 할 방향을 긍정적으로 설정할 수 있다. 추가적으로 부모가 학생 선수의 정보를 확인하면서 필요한 도움을 줄 수 있고, 부모와 학생 선수 간에 친밀도를 높일 수 있다. 스포츠 현장에는 부모와 학생 선수 간에 대화가 단절되고 학생 선수에 대한 정보를 얻지 못해 도움을 주지 못하는 부모가 아주 많다.

이처럼 학생 선수가 꿈을 이루기 위해서는 목표와 목적이 명확해야 한다. 그래야 흔들리지 않고 자신의 꿈을 향해 우직하게 걸어갈 수 있다.

동계훈련, 컨디션과 함께
자신감 챙겨야 한다

    스포츠 선수에게 동계훈련은 매우 중요하다. 1년 농사를 결정하기 때문이다. 대부분 1차 동계훈련 시기에는 체력을 끌어올리고 팀워크를 다지는 데 많은 시간을 보낸다. 2차 동계훈련에서는 연습경기를 통한 팀 조직력 극대화, 실전 감각 향상과 함께 치열한 주전 경쟁을 펼치게 된다. 선수들은 다양한 팀들과의 연습경기를 통해 자신의 경기력을 증명하고 약속된 팀 전술전략을 실행하여 팀의 입지를 다져야 한다. 주전 경쟁에서 승리해야 팀의 주전 선수가 될 수 있다.

    그렇다면 주전 경쟁을 펼치는 선수들에게 가장 필요한 심리 요인은 무엇이 있을까? 바로 자신감(Confidence)이다. 대부분 주전 경쟁을 펼치는 선수들의 기량 차이는 크지 않다. 만약 기량 차이가 크다면 주전 경쟁을 할 수가 없다. 결국 선수 본인이 자신감을 얼마만큼 관리하고 유지할 수 있느냐에 따라 주전 경쟁에서 살아남느냐가 결정된다.

실제로 동계훈련 초반에는 선수들의 하고자 하는 의욕과 자신감이 상당히 높다. 하지만 연습경기를 통해 잦은 실수와 만족스럽지 못한 경기력 등으로 인해 자신감을 잃고 무너지는 선수들을 쉽게 볼 수 있다. 반대로 팀의 핵심 선수이며 입지가 단단한 선수들은 사회적 태만과 매너리즘으로 인해 자신감에 문제가 발생하는 경우를 종종 확인할 수 있다.

스포츠심리학에서 자신감은 스포츠 선수가 가지고 있는 능력을 성공적으로 발휘할 수 있는 믿음과 확신을 말한다(김병준, 2014). 경기력에 영향을 주는 요인 중 1위를 차지할 만큼 스포츠 선수에게 꼭 필요한 심리 요인이다. 현재 스포츠 현장에서 자신감의 중요성을 높게 인식하고는 있지만 이를 효과적으로 관리하고 유지하는 방법에 대해서는 잘 모른다.

만약 스포츠 선수에게 자신감이 부족하다면 우선 부족한 자기효능감(Self- Efficacy)을 찾아야 한다. 자기효능감은 세부적인 과제를 성공적으로 발휘할 수 있는 믿음을 말한다. 예를 들어 자신감은 "나는 축구가 자신 있어."라면 자기효능감은 "나는 축구에서 킥이 자신 있어."라고 말할 수 있다. 즉, 부족한 자기효능감을 찾고 이를 강화한다면 자신감 향상으로 이어진다. 부족한 자기효능

| 수행성취 | 간접경험 | 언어적 설득 | 신체·정서적 상태 |

자기효능감의 **4**가지 원천(Bandura, 1994)

감을 찾았다면 자기효능감의 4가지 원천(Bandura, 1994)을 통해 자신감을 향상시킬 수 있다. 4가지 원천은 수행성취, 간접경험, 언어적 설득, 신체·정서적 상태로 구성된다.

첫째, 수행성취는 연습을 통해 성공경험을 체험하며 자기효능감을 향상시키는 것을 말한다. 예를 들어 골 결정력이 부족하다면 골 결정력 연습을 통해 성공경험을 느끼게 되고 이를 통해 골 결정력에 대한 자기효능감이 향상되는 것을 말한다.

둘째, 간접경험은 다른 선수의 경기력을 관찰하는 것을 말한다. 예를 들어 팀에서 자신과 동일한 포지션인 선수의 경기를 관찰하거나 미디어를 통해 동일한 포지션 선수의 영상을 시청하는 것이다. 추가적으로 선수 본인의 훈련 영상이나 좋은 경기력을 발휘한 경기 영상을 시청하는 것도 간접경험의 한 예다.

셋째, 언어적 설득은 스포츠 선수에게 긍정적인 메시지를 전달하는 것을 말한다. 예를 들어 팀의 지도자나 핵심 선수가 선수에게 자신감을 가질 수 있는 메시지 및 정보를 전달하는 것을 말한다. 언어적 설득은 영향력이 크고 해당 분야의 전문가일수록 효과가 더 크다.

넷째 신체·정서적 상태는 컨디션이 좋거나 심박수가 빨라지고 몸에 땀이 나는 것을 긍정적으로 해석하는 것을 말한다. 예를 들어 선수가 훈련할 때 몸이 가볍고 컨디션이 좋은 것을 확인하거나 훈련 종료 후 땀에 젖은 연습복을 통해 성취감을 느끼는 것 등이다.

자신감을 만드는 자기효능감의 4가지 원천 중 현장 적용에 가장 적합한 방법으로 수행성취와 간접경험을 추천한다. 이는 언어적 설득과 신체·정서적 상태보다 자기효능감을 만드는 강도와 지속력이 상당히 높다. 자신감이 부족한 선수는 빠르게 수행성취와 간접경험을 활용하여 부족한 자기효능감을 향상시킬 수 있어야 한다.

현재 자신감이 높은 스포츠 선수라면 이를 효과적으로 관리할 수 있어야 한다. 그 이유는 자신감은 절대적으로 유지되는 것이 아니기 때문이다. 멘탈이 강한 선수들은 자신감이 높을 때 시합 준비를 더 철저하게 하는 모습을 보인다. 자신감을 관리하는 데 도움을 줄 수 있는 방법으로는 과학습, 훈련 일지, 모니터링(김병준, 2014)을 추천할 수 있다.

과학습은 필요한 훈련을 충분한 수준까지 끌어올리는 것을 말한다. 훈련 시작 30분 전에 개인적으로 근력운동과 조깅을 하거나 훈련 종료 후 부족한 훈련을 추가로 실시하는 것을 예로 들 수 있다. 훈련 일지는 기록을 통해 자신을 되돌아볼 수 있고, 동기부여와 목표를 재설정할 수 있어서 자신감 유지에 탁월하다. 마지막으로 모니터링은 자신이 출전한 경기를 관찰하는 것을 말한다. 특히 잘한 경기보다 못한 경기의 모니터링이 반드시 필요하며, 이는 문제점 체크 및 보완을 통해 동일한 실수를 줄이는 데 굉장히 효과적이다.

스포츠 선수는 스스로 자신감을 높이고 관리할 수 있어야 한다. 그 이유는 스포츠 선수들이 가장 잘 안다. 스포츠 경기는 자신감 싸움이기 때문이다.

독사 정신(Mamba Mentality)

'자신감은 준비에서부터 시작된다.' 미국 NBA를 평정하고 전설로 불리는 코비 브라이언트가 한 말이다. 그는 항상 최고의 경기력을 발휘하기 위해서는 끊임없이 노력해야 한다고 말한다. 혹독한 훈련을 통해 시합에 대한 자신감을 극대화하고 이는 시합 상황에서 실패를 두려워하지 않는 도전정신을 발휘하게 한다. 이러한 코비 브라이언트의 정신력을 우리는 독사 정신(Mamba Mentality)이라고 부른다.

코비 브라이언트는 현역 선수 시절 666프로젝트(6개월, 6일, 6시간 훈련)를 소화할 정도로 시합에 대한 준비도가 상당히 높은 선수였다. 그는 수많은 언론과의 인터뷰에서 자신감은 준비에서부터 시작되며 준비 과정에서 이미 수천 번씩 연습을 진행했기 때문에 시

코비 브라이언트 선수 (출처 : Alamy)

합에서 전혀 긴장되지 않고 냉정하게 경기를 할 수 있다고 말한
다. 즉, 우리는 코비 브라이언트의 독사 정신을 통해 시합을 준비
하는 과정에서 얼마만큼 철저하게 하느냐에 따라 자신감과 경기
력이 결정된다는 것을 알 수 있다.

개막전, 컨디션? 매크로 루틴을 실천하자

동계훈련에서 얻은 성과를 개막전으로 이어가려면 컨디션 관리가 필수다. 스포츠 선수들은 동계훈련 기간에 강도 높은 훈련을 소화하면서 기술과 체력, 실전 감각이 높은 수준에 도달하게 된다. 하지만 시즌이 가까워질수록 컨디션을 효과적으로 관리하지 못한다면 개막전을 성공적으로 소화하는 데 큰 어려움을 겪을 수 있다.

스포츠 선수의 컨디션을 관리하고 유지하는 데 도움을 줄 수 있는 심리기술 전략으로는 매크로 루틴(Macro Routine)이 있다. 매크로 루틴은 선수가 최고의 컨디션을 만들기 위해 습관적으로 하는 행동이나 절차를 말한다(김병준, 2014). 또한 이를 잘 활용하는 선수들은 매크로 루틴을 '승리 공식'이라고 말하며, 시합에 대한 준비 수준과 컨디션 관리에 큰 도움이 된다고 말한다.

 매크로 루틴은 시합 당일까지 팀 훈련 강도를 고려하여 자신만의 컨디션을 관리하는 방법이다. 축구 선수에게 적합한 매크로 루틴의 주기는 약 4~5일이며, 일주일에 1경기씩 진행되는 일정을 고려했을 때 적합하다고 볼 수 있다. 또한 매크로 루틴은 매주 선수 본인이 생각하는 내용을 종이와 펜을 이용하여 기록한 후에 실천할 것을 권장한다. 최고의 컨디션을 만드는 데 도움이 되는 기술, 체력, 생활, 멘탈 준비 등을 기록해야 한다. 만약 자신만의 맞춤형 매크로 루틴을 가지고 있다면 꾸준한 경기력을 발휘할 가능성은 상당히 높아진다.

 자신만의 맞춤형 매크로 루틴을 설정할 때는 첫째, 자신이 잘

팀 훈련 강도	월	화	수	목	금	토	일
	80%	90%	100%	50%	70%	경기	휴식
선수 루틴	오전 조깅 30분 하체 운동 3세트 야식 X 훈련 일지 작성 11시 취침	오전 조깅 30분 하체 운동 3세트 야식 X 훈련 일지 작성 11시 취침	오전 조깅 30분 하체 운동 3세트 야식 X 훈련 일지 작성 11시 취침	휴식 멘탈 플랜 준비 훈련 일지 작성 11시 취침	오전 수면 X 멘탈 플랜 준비 훈련 일지 작성 11시 취침	오전 수면 X PP 이미지 활용 경기장 도착 후 멘탈 플랜 실천	자신만의 정신 건강 관리

K리그 선수의 매크로 루틴 예

하는 것을 더 잘할 수 있게 유지할 수 있어야 한다. 예를 들어 프리 킥이 장점인 선수라면 운동 전후에 프리킥 연습을 하거나 하체 운동을 일정한 기간 동안 꾸준하게 진행한다.

둘째, 보완이 필요한 것을 꾸준하게 관리할 수 있어야 한다. 체력이 부족하다면 팀 훈련이 없는 시간에 러닝을 통해 보완할 수 있고, 발목 근력이 약한 선수라면 밴드운동을 통해 보완하는 식이다. 시합일로부터 이틀 전까지 잘하는 것을 유지하고 보완해야 할 것을 준비한다.

셋째, 좋은 컨디션을 유지하기 위해 평상시에 습관적으로 하는 행동을 실천한다. 예를 들면 좋은 컨디션을 유지하기 위해 취침 시간을 규칙적으로 관리하는 것, 균형 있는 식사와 기름진 음식을 피하여 체중 조절에 집중하는 것을 말할 수 있다.

넷째, 시합 상황에서 마주할 수 있는 다양한 어려움을 어떻게 대처할 것인가에 대한 멘탈 측면의 준비를 한다. 예를 들어 연속적으로 실수하거나 감정 조절이 잘 안될 때 필요한 심리기술 전략을 잘 활용할 수 있도록 사전에 계획을 세운다. 시합에 가까워질수록 기술과 체력적인 준비보다 멘탈 측면의 준비 비중을 더 높이는 것이 효과적이다.

매크로 루틴을 설정할 때 너무 많은 것을 포함하면 이를 실천하면서 어려움을 겪을 수 있다. 이러한 상황에서는 선수가 잘 지킬 수 있고 꼭 필요한 것을 포함하며, 스트레스를 받지 않는 선에서

FC안양 시절 이상우 선수 (출처 : FA photos)

매크로 루틴을 설정해야 한다. 또한 매크로 루틴을 선수 본인이 실행한 후 컨디션 여부에 따라 수정 보완해야 한다. 만약 몸이 무겁거나 피곤하다면 매크로 루틴을 수정 보완해야 한다.

매크로 루틴은 결국 선수 본인이 선택하고 집중하여 습관적으로 컨디션을 유지하는 과정이다. 실제로 스포츠 선수들은 매크로 루틴을 실천하는 과정에서 굉장히 외롭고 공허하다는 말을 자주 한다. 하지만 그 힘든 과정을 잘 이겨내고 그라운드에서 자신이 원하는 경기력을 발휘하면 너무 행복하다고 이야기한다. 이를 통해 스포츠 선수에게 컨디션 관리가 얼마나 어려운 과정인지 알 수 있고, 좋은 경기력은 컨디션 관리에 따라 결정된다는 것을 확인할 수 있다.

아무리 기량이 뛰어난 선수라도 컨디션 관리를 하지 않으면 그라운드에서 좋은 경기력을 발휘할 수 없다. 스포츠 선수는 매크로 루틴을 활용하여 최고의 몸 상태를 유지할 수 있어야 한다. 그래야 실전에서 안정적인 경기를 펼칠 수 있다.

아직도 실수 후에 무너지니?

유소년 축구 경기를 관전하다 보면 실수 후에 무너지는 선수를 쉽게 볼 수 있다. 필자도 유년 시절 실수 후 자주 무너졌던 경험이 있다. 실수 후에 소극적으로 플레이하거나 연속적으로 실수하는 선수, 지도자의 부정적인 코칭으로 인해 주눅드는 선수를 보면 마음이 짠하다. 그 마음을 누구보다 잘 알고 있기 때문이다.

유소년 시기에 실수 후 무너지는 선수는 생각보다 아주 많다. 필자가 그동안 유소년 팀을 지원하면서 수집한 수행 프로파일(김병준, 2013) 사전 측정 결과가 이를 뒷받침한다. 지원했던 모든 유소년 팀의 수행 프로파일(IZOF) 사전 평균 점수를 분석해 보면, 실수극복 능력 요인에서 보완이 필요한 것으로 확인된다. 훈련요구 점수도 높게 나타난다. 물론 팀의 평균 점수이고 팀 선수 간에 개인차는 있다. 하지만 이 결과를 통해 유소년 선수들이 실수 후에 심리적으로 어려움을 겪는다는 것을 충분히 예측하고 판단할 수 있다.

유소년 선수가 실수 후에 무너지는 것은 실수극복 능력이 부족하기 때문이다. 실수극복 능력은 경기 중 실수한 뒤 이를 빠르게 회복할 수 있는 능력을 말한다. 아쉽게도 유소년 선수들은 실수 후 대처하는 방법을 잘 모른다. 누군가가 가르쳐 주거나 배우지 않았기 때문이다. 실수를 극복하는 방법은 생각보다 어렵지 않다. 지도자나 부모가 조금만 노력하면 유소년 선수에게 효과적으로 멘탈 코칭을 해줄 수 있다.

유소년 선수가 실수를 극복하지 못하면 어떻게 될까? 우선 선수의 집중력이 감소하며, 이는 경기력에 부정적인 영향을 준다. 연속적으로 실수를 범하는 경우도 있다. 실수의 크기에 따라 불안감은 더욱더 높아지고 자신감은 감소하며, 결국 집중력을 잃게 된다. 심할 경우 지도자가 선수를 교체하게 되는데, 이때 선수는 강한 심리적 타격을 받는다. 유소년 선수들의 응답에 따르면 실수를 하고 난 뒤 이를 잊지 못하고 경기 내내 생각하는 경우가 많으며, 만약 큰 실수를 하면 다음 경기에까지 영향을 준다고 한다.

경기 중에 실수를 극복하기 위해 활용할 수 있는 심리기술 전략은 ASDR 논박법(김병준, 2014)이 있다. 이는 '실수극복 루틴'이라고도 불린다. 실수란 통제할 수 있는 영역이 아니기 때문에 이를 극복하는 루틴이 반드시 필요하다. ASDR 논박법은 총 4단계로

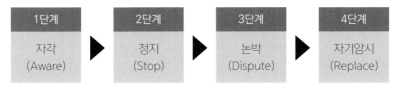

ASDR 논박법(김병준, 2013)

구성되어 있다.

1단계는 자각(Aware) 단계다. 선수가 실수 후 이에 대한 자책과 평가를 하는 것을 선수 본인이 알아차리는 것을 말한다. 실수극복 루틴이 없는 선수들은 경기 중 계속 실수에 대해 자책과 평가를 하게 되고 결국 스스로 집중력을 감소시킨다.

2단계는 정지(Stop) 단계다. 선수가 실수에 대한 생각을 빠르게 정지시키는 것을 말한다. 유소년 선수들이 자주 활용하는 정지 방법은 신호등이 빨간색에서 초록색으로 변화하는 상상, 지우개로 실수한 장면을 지우는 상상, 깨끗한 걸레로 실수한 장면을 닦는 상상 등이다. 필자는 선수 시절 프로골퍼 양용은이 활용했던 방법을 자주 사용했다. 이미지로 머리 뚜껑을 열어 실수한 장면을 끄집어내 발로 차버리는 상상을 하는 것이다. '과연 이게 가능할까?' 하는 의문을 가질 수 있지만, 실제로 시합은 굉장히 긴박하기 때문에 충분히 적용 가능하다.

3단계는 논박(Dispute) 단계이다. 선수가 본인에게 논리적으로 반박하는 것을 말한다. 선수들은 대부분 실수를 되돌리고 싶어 한다. 하지만 아무리 애를 써도 실수를 되돌릴 수는 없다. 스포츠심리학자들은 과거나 미래로 간 생각을 현재에 갖다 놔야 한다고 말한다. 과거(실수)는 되돌릴 수 없고 미래(부정적 예측)는 아직 일어나지 않았기 때문에 현재에 집중하는 것을 적극 권장한다. 만약 선수의 생각이 과거나 미래에 머물러 있다면 집중력에 문제가 발생하게 된다. 선수는 어떠한 상황에서도 논리적인 반박을 통해 생각을 현재에 머무르게 해야 한다.

4단계는 긍정적인 자기암시(Replace) 단계다. 선수가 긍정적인 자기암시를 활용해 부정적인 생각을 긍정적인 생각으로 바꾸는 것을 말한다. 예를 들면 "조금 더 용기 있게 해보자.", "무조건 현재에 집중하자." 등이다. 추가적으로 실수 보완에 대한 자기암시도 큰 도움이 될 수 있다. 예를 들어 측면에서 크로스를 실수했다면 "크로스 상황에서 볼을 끝까지 보자.", 볼을 자주 빼앗긴다면 "볼을 좌우로 이동시키자." 등이다. 긍정적인 자기암시는 선수의 동기 수준과 집중력을 유지하는 데 큰 도움을 준다.

실수극복 루틴(ASDR 논박법)을 이해했다면 이를 꾸준히 활용하며 숙달시켜야 한다. 처음에는 다소 어려움이 있을 수 있다. 실수극복 루틴이 숙달되면 실수를 쉽게 극복할 수 있다. 또한 어떠한 상황에서도 선수는 현재에 집중할 수 있게 된다. 인천유나이티드 U18 대건고 GK 김민준은 "실수를 극복하는 방법을 잘 알고 있기 때문에 흔들리거나 무너지지 않는 것 같아요. 실수를 하면 더 현재에 집중하려고 해요. 이 방법이 가장 좋은 방법이거든요."라고

김민준 선수 (출처 : 장기문 인천유나이티드 명예사진기자)

말한다. 실제 김 선수의 경기를 보면 실수 후 무너지는 장면을 찾아보기 어렵다. 어린 나이임에도 우수한 멘탈을 가지고 있는 선수 중 한 명이다.

　유소년 선수가 경기 중 실수를 했다면 실수극복 루틴(ASDR 논박법)을 활용하여 높은 집중력을 유지해야 한다. 경기 중에 실수를 극복하지 못해 자신의 기량 발휘를 하지 못한다면 얼마나 억울한가. 유소년 선수는 실수를 했을 때 네 글자만 생각하면 된다.

　'현재 집중'

※인천유나이티드 U18 대건고 김민준 선수는 2023 시즌을 마치고 J2리그 도치기 SC에 입단했다.

제3부

마음의 중심이 견고해야
더 강해질 수 있다

쉽게 오지 않는 기회,
'터프한 멘탈'로 극복하자

시즌 중반이 되면 경기 출전 기회를 얻지 못해 심리적으로 어려움을 겪는 선수들을 만나게 된다. 심할 경우, 지친 심신과 불안정한 감정 상태로 인해 상담 도중 눈물을 흘리기도 한다. 축구의 재미와 흥미를 완전히 잃어버렸다고 말하는 선수도 있다. 스포츠 선수라면 어려운 시기에도 심리적으로 현명하게 대처할 수 있어야 한다.

시즌 초반에 주전 경쟁에서 밀리고 지도자의 선택을 받지 못해도 경기 출전 기회를 얻기 위해 많은 노력을 하게 된다. 하지만 출전 기회를 얻지 못하는 시간이 길어질수록 동기 수준과 분발 의욕은 감소한다. 특히, 지도자의 타당하지 못한 선수 기용은 출전 기회를 기다리는 선수에게 심리적으로 강한 타격을 준다. 경기력이 좋지 않은 선수를 꾸준하게 기용하거나, 부상에서 회복한 지 얼마 되지 않은 선수를 경기에 바로 출전시키는 것을 예로 들 수 있다.

이처럼 경기 출전 기회를 얻지 못하는 시간이 길어지면 자기관리 능력에 문제가 발생한다. 팀 훈련에 적극적으로 참여하지 않고 자신의 감정을 고스란히 드러내며 팀 분위기에 좋지 못한 영향을 끼친다. 심할 경우 팀 동료들 및 코칭스태프와의 친밀도에도 문제가 발생한다. 이러한 좋지 못한 행동은 선수 입지에 부정적인 영향을 주며 경기 출전 기회를 얻는 데 더 큰 어려움을 겪게 된다. 그러므로 부정적인 감정을 조절하고 기분이 태도가 되지 않게 하는 것 역시 선수에게 필요한 자기관리 능력이다.

경기 출전 기회 부여는 지도자의 고유 권한이다. 선수는 언제 올지 모르는 출전 기회를 잡기 위해 평소에 높은 자기관리 수준을 유지해야 한다. 하지만 높은 자기관리 수준을 유지한다고 해서 꼭 출전 기회를 얻는 것은 아니다. 오히려 준비가 되어 않을 때 기회가 찾아오기도 한다. 준비가 되어 있지 않을 때 기회를 얻게 되면 대부분 기회를 잡지 못한다. 실제로 경기력을 발휘하지 못하면 선수는 심리적으로 강한 타격을 받게 되고 지도자 역시 선수의 실력을 과소평가하게 된다.

출전 기회를 기다리는 선수에게 도움을 줄 수 있는 심리기술 전략은 멘탈 터프니스(Mental Toughness)가 있다. 즉, 터프한 멘탈이다. 터프한 멘탈(Draeger, 2013)은 의도적인 행동을 꾸준히 실천하는 것을

FC서울 시절 이상우 선수 (출처 : 강동희 사진기자)

말하며, 말이나 생각이 아닌 몸으로 증명하는 것을 말한다. 또한 부정적인 생각, 불안정한 감정, 좋지 못한 상황에 얽매이지 않고 자신이 해야 할 역할과 임무를 꾸준하게 실행에 옮기는 것이다.

터프한 멘탈을 발휘하기 위해서는 첫째, 자신만의 정체성이 명확해야 한다. 예를 들어 "나는 체력을 보완해야 하는 선수다", "나는 기회를 기다려야 하는 선수다" 등의 자신만의 정체성이 명확해야 의도적인 행동을 꾸준하게 실천할 수 있다.

둘째, 아주 작은 행동을 실천하는 것이다. 예를 들어, 훈련 시작 30분 전에 보강 운동을 하거나 훈련 종료 후 아픈 무릎에 얼음을 바로 대는 것을 예로 들 수 있다. 이러한 아주 작은 행동들은 의도적인 행동을 실천하는 데 기초가 되며, 의도적인 행동의 지속성을 높여준다.

셋째, 자신만의 매크로 루틴(Macro Routine)을 실천하는 것이다. 매크로 루틴은 좋은 컨디션을 유지하기 위해 습관적으로 하는 행동을 말한다. 이는 어떠한 상황에서도 중단하거나 포기하지 않고 꾸준하게 의도적인 행동을 실천할 수 있게 한다.

넷째, 결과를 잊고 현재에 집중하는 것이다. 지난 결과에 연연하면 의도적인 행동을 실천하기 어렵다. 하지만 지난 결과를 잊고 현재에 집중하면 현재 필요한 의도적인 행동을 실천할 수 있다.

다섯 번째, 의도적인 연습을 실천하는 것이다. 자신에게 부족한 기술, 체력, 심리적인 부분을 선수 스스로 꾸준하게 보완하는 것을 말하며 이는 선수의 자기관리 능력을 향상시키게 된다.

출전 기회를 기다리는 선수는 늘 언제나 외롭고 공허해서 심신이 지칠 수밖에 없다. 선수는 아무리 힘이 들고 어려운 상황에서도 자신의 감정을 숨기고 의도적인 행동을 통해 터프한 멘탈을 유지해야 한다. 지도자도 감정이 있다. 꾸준하게 간절한 모습을 보이는 선수는 지도자가 눈과 귀로 확인하고 있으며, 이는 경기 출전 기회를 얻는 데 긍정적인 영향을 줄 수 있다.

경기 출전 기회를 기다리는 선수는 '터프한 멘탈'을 통해 의도적인 행동을 꾸준히 실천할 수 있어야 한다. 그래야 경기 출전 기회가 왔을 때 기회를 제대로 잡을 수 있다.

'착한 선수'는 살아남기 어렵다

착한 선수는 인성이 바른 선수를 말하는 것이 아니다. 강한 정신력으로 무장하지 않고 그라운드에 들어가는 선수를 말한다. 이들은 온전히 기술에만 집중하며 경기 상황에서 마주하는 다양한 어려움에 쉽게 흔들리는 특징이 있다. 예를 들면 상대의 거친 태클이나 몸싸움으로 인해 소극적인 플레이를 펼치는 선수, 실수를 하지 않기 위해 도전적이고 과감한 플레이를 시도조차 하지 않는 선수 등이다.

프로 세계에서 기회는 자주 오지 않는다. 심할 경우에는 한 번의 기회도 오지 않고 끝나는 경우도 있다. 프로 선수라면 기회가 왔을 때 어떻게든 기회를 잡아야 한다. 그래야 프로 세계에서 살아남을 수 있다. 기회를 잡지 못한다면 추운 겨울에 방출 통보를 받을 수도 있다. 프로 세계는 보여주고 증명하지 못하면 버틸 수가 없는 곳이다. 필자 역시 선수 시절에 방출 통보를 받아본 적이 있다. 그때의 감정은 절대 잊을 수 없다.

어렵사리 출전 기회를 얻은 선수들은 대부분 자신의 기량을 마음껏 보여주고 싶어 한다. 하지만 어렵게 얻은 기회에서 자신의 진가를 발휘하기는 결코 쉽지 않다. 자신의 기량을 유감없이 발휘하는 선수도 있지만 자신의 기대 수준만큼 기량을 발휘하지 못하는 선수가 더 많다. 또한 선수가 기술적인 부분에만 집중하면서 지도자가 기대하고 요구하는 것을 보여주지 못 하는 경우도 있다. 지도자들은 대부분 기본에 충실하고 팀 전술전략을 이해하며 경기에 참여하는 것을 원한다. 추가적으로 몸을 사리지 않는 플레이, 책임감, 간절함 등을 기대한다. 선수는 이러한 부분들을 꼭 인지하고 있어야 한다.

어렵게 얻은 기회를 잡기 위해서는 기술적인 경기력만 가지고는 어렵다. 멘탈 측면의 준비를 통해 기술에 멘탈을 담아야 한다. 이들에게 권장하는 심리기술 전략으로 원 어글리(김병준, 천성민, 권혁주, 2018)가 있다. 필자는 선수 시절에 기량이 뛰어난 선수들과의 격차를 좁히기 위해 원 어글리(Win Ugly) 전략을 적극 활용했다. 이 전략을 활용하지 않으면 상대를 막기 어려웠기 때문이다. 당시에는 많은 선수들이 원 어글리 전략에 대해 잘 알지 못했다. 하지만 지금은 다르다. 원 어글리 전략은 선택이 아니라 필수사항이 됐다.

윈 어글리 전략은 어떻게든 승리하기 위해 모든 전략을 총동원하는 것이다. 즉, 상대와 제대로 싸울 수 있도록 정신 자세와 행동을 집중하는 것이다. 결과를 내려놓고 과정에 집중하기, 내적·외적 자극에 동요되지 않고 평정심을 유지하기, 끝까지 초긍정 마인드를 가지기, 팀을 위해 투혼과 용기를 발휘하기 등을 예로 들 수 있다. 이러한 기본 정신 자세가 갖추어져야 윈 어글리 전략을 행동으로 실천할 수 있다.

축구 선수의 윈 어글리 전략이라면 그라운드에서 적극적인 몸싸움과 태클, 과감한 공중 볼 경합 등을 들 수 있다. 어렵게 기회를 얻은 선수라면 반드시 이러한 플레이를 실천해야 한다. 지도자들은 이를 투쟁심이라고 말하며 투쟁심을 발휘하는 선수들을 상당히 선호한다. 또한 지도자의 요구나 팀 전술전략을 실천하는 것도 반드시 필요하다. 톱니바퀴 굴러가듯이 녹아들 수 있어야 한다. 추가적으로 그라운드 안에서 긍정 에너지를 전달할 수 있어야 한다. 팀이 이기고 있거나 어려운 상황에서 칭찬과 격려, 개방형 대화(구체적인 대화)를 통해 팀 동료를 챙기는 것을 예로 들 수 있다.

윈 어글리 전략을 통해 출전 시간이 늘어났다면 조금 더 담대하게 경기를 펼쳐야 한다. 예를 들면 볼을 공격적으로 잡아 놓고 전진 패스를 시도하기, 1 대 1 솔로 플레이 상황에서 과감하게 돌파를 시도하기, 득점 기회에서 냉정하게 득점으로 연결시키기, 수비 상황에서 덤비지 않고 끝까지 따라가기 등이다. 과감하고 도전적인 플레이를 펼치는 것이 핵심 포인트다. 즉, 팀의 언성 히어로 (Unsung hero : 보이지 않는 영웅)가 되어야 한다.

다양한 심리기술 전략을 효과적으로 활용할 수 있어야 원 어글리 전략 실천이 가능하다. 이는 이상적인 심리상태가 유지되어야 행동으로 실천이 가능하기 때문이다. 또한 대부분 강한 상대와 경기를 하거나 꼭 승리해야 하는 상황에서 원 어글리 전략이 실천되는 경우가 많지만 이는 잘못된 것이다. 스포츠 선수라면 매 경기 원 어글리 전략을 적극 실천할 수 있어야 하며, 이를 위해 많은 노력을 기울여야 한다. 원 어글리 전략은 선수가 마음먹기에 달렸기 때문이다.

원 어글리 전략의 교과서로 평가할 수 있는 선수로 박지성이 있다. 그는 항상 위기를 기회로 만들고 그라운드에서 결과로 증명했다. 또한 대한민국 축구국가대표 팀과 맨체스터유나이티드에서 끊임없이 헌신을 발휘하며 세계적인 선수들 사이에서 경쟁력을 만들었다. 박지성은 높은 수준의 경기력을 꾸준히 발휘하는 선수였다. 그는 매 경기마다 유니폼이 가장 더러울 정도로 적극적인 몸싸움과 태클을 시도했다. 절체절명의 순간에 늘 과감한 플레이를 펼쳤고, 어려운 상황에서 득점을 통해 팀을 수차례 구해냈다. 한국 축구의 레전드 박지성의 플레이를 통해 원 어글리 전략에 대한 답을 찾을 수 있다.

박지성 선수 (출처 : Alamy)

　'착한 선수'가 되지 않으려면 원 어글리 전략을 반드시 실천해
야 한다. 원 어글리 전략을 실천하지 않는다면 냉혹한 프로 세계
에서 살아남기 어렵다.

경기 종료 후 멘탈 관리가 더 중요하다고?

　멘탈 관리는 경기 종료 후에 더 중요하다. 스포츠 선수는 매번 경기를 통해 승리와 패배의 갈림길에 서게 된다. 경기에서 매번 승리할 수 있다면 정말 좋겠지만 마음처럼 쉽지 않다. 특히 선수의 기대 수준만큼 경기력이 발휘되지 않거나 경기 결과가 좋지 않을 경우 선수는 강한 심리적 타격을 받게 되고, 다음 경기를 준비하는 데 어려움을 겪게 된다.

　멘탈이 우수한 선수는 경기 종료 후에 승패와 상관없이 자신의 멘탈을 관리한다. 스포츠 경기는 계속되기 때문이다. 스포츠 선수가 경기 종료 후에 활용할 수 있는 심리기술 전략은 귀인(Allen, Jones, & Sheffield, 2009)이 있다. 귀인(Attribution)은 경기 결과(승리, 패배) 또는 경기력(성공, 실패)에 대한 원인을 어떻게 해석하는지를 뜻한다.

귀인의 대상 4가지(Weiner, 2012)

경기 결과의 원인 해석에 따라 스포츠 선수의 감정과 행동에 많은 영향을 주기 때문이다.

스포츠 선수는 경기 종료 후 긍정적인 귀인을 할 수 있어야 한다. 긍정적인 귀인은 스포츠 선수의 노력에 관련된 귀인을 말하며, 이를 통해 자신감을 보호할 수 있고 다음 경기에 대한 기대감과 동기 수준을 높일 수 있게 된다. 추가적으로 빠른 심리적 회복을 통해 시합을 준비하는 재시작(Restart) 속도에 긍정적인 영향을 주게 되고, 이로써 시합에 대한 준비 수준을 높이게 된다. 긍정적인 귀인의 예는 "경기에 대한 준비(노력)를 많이 했더니 좋은 경기력을 발휘하고 승리할 수 있었어. 다음 경기도 오늘처럼 준비하면 잘할 수 있을 것 같아.", "경기에 대한 준비가 부족하니까 좋은 경기력을 발휘할 수 없었어(인정). 내가 더 노력을 해야 할 것 같아." 등이다.

부정적인 귀인은 자신의 능력(재능), 상대 선수의 실력(난이도), 운에 관련된 귀인을 말하며, 실제 스포츠 선수들은 이러한 귀인을 자주 한다고 이야기한다. 부정적인 귀인은 다음 경기에 대한 자신감, 기대감, 동기 수준을 감소시키고 심할 경우 사회적 태만으로 이어진다. 또한 부정적인 귀인을 하면 스포츠 선수의 표정, 말투, 행동에서 부정적인 에너지를 확인할 수 있고, 이는 팀 동료에게 전달되어 팀 분위기에 좋지 않은 영향을 준다.

부정적인 귀인의 예는 "나는 실력이 부족해서 좋은 경기력을 발휘할 수 없었어. 이런 바보.", "상대 팀 선수가 너무 잘해서 좋은 경기력을 발휘할 수 없었어.", "오늘 경기는 운이 안 좋아서 이길 수 없었어. 특히, 심판 판정도 좋지 않았어." 등이다. 추가적으로 자신이나 팀을 비난하는 귀인, 자신의 노력을 인정하지 않는 귀인도 부정적인 귀인의 한 예이다.

스포츠 선수가 긍정적인 귀인을 해야 하는 이유는 노력(시합에 대한 준비)은 스포츠 선수가 100% 통제할 수 있기 때문이다. 스포츠 선수가 결과에 대한 원인을 노력으로 해석한다면 높은 자기관리(컨디션) 수준을 유지할 수 있고, 꾸준한 경기력을 유지하는 데 큰 도움을 준다. 궁극적으로 심리적 타격을 최소화하고 회복 속도를 높일 수 있다. 하지만 반대로 부정적인 귀인은 스포츠 선수가 절대 통제할 수 없는 귀인이다. 예를 들면 좋은 경기력 발휘, 상대 선수의 실력, 운은 아무리 애를 써도 어떻게 할 수가 없다. 스포츠 선수는 부정적인 귀인을 하지 말아야 하며, 만약 부정적인 귀인을 했다면 이를 바로 인지하고 긍정적인 귀인으로 바꾸어야 한다.

경기종료 후의 모습 (출처 : FA photos)

스포츠 선수들에게 추천할 수 있는 귀인은 과정 미흡형 귀인(김
병준, 2012)이 있다. 이 귀인은 경기 종료 후 승패와 상관없이 부족한
요인(기술, 체력, 멘탈, 전략)을 찾아서 보완하는 귀인이다. 예를 들면 "오
늘 경기에서 승리하고 경기력도 좋았지만, 후반전에 체력이 부족
하다는 것을 알게 되었어. 훈련을 통해 체력을 조금 더 끌어올려
야 해.", "오늘 경기는 모든 것이 부족했어(빠른 인정). 특히, 패스의
정확성과 투쟁심이 많이 부족했고 이를 빨리 보완해야 할 것 같
아." 등이다. 과정 미흡형 귀인은 부족한 요인을 지속적으로 보완
할 수 있도록 도움을 주는 장점이 있으며, 성장 가능성이 무궁무
진한 학생 선수들에게 큰 도움을 준다. A 선수는 "경기 종료 후 과
정 미흡형 귀인을 하면 경기 이후에 해야 할 것들이 명확해지고

심리적으로 빠르게 회복할 수 있어요."라고 말한다.

　스포츠 선수는 경기 종료 후 긍정적인 귀인을 통해 자신의 멘탈을 빠르게 회복해야 한다. 긍정적인 귀인은 스포츠 선수의 감정과 행동을 긍정적인 방향으로 이끌어 주기 때문이다.

연습과 훈련의 차이를 이해하고 활용하자

"연습과 훈련의 차이는 무엇일까요?" 강연 도중 가끔 이러한 질문을 선수들에게 던진다. "자신 있게 이야기할 수 있는 사람?" 선수들은 서로 눈치를 보며 아무 말도 하지 않는다. 연습과 훈련의 차이를 모르는 학생 선수들이 생각보다 아주 많다. 필자도 선수 시절엔 이를 제대로 이해하지 못했다. 그저 동일한 의미라고 생각했다.

스포츠심리학을 배우면서 연습(Practice)과 훈련(Training)의 차이점을 처음 알게 됐다. 각각 목적이 다르다. 스포츠 선수가 연습과 훈련을 효과적으로 활용하면 자신감과 자기관리 능력에 긍정적인 영향을 줄 수 있다. 특히 유소년 선수 시기에 이를 정확하게 이해하고 활용하는 것은 매우 중요하다. 성장의 속도와 방향을 결정하

서울 풋볼A U18 지도자와 선수들 (출처 : 서울 풋볼A U18)

기 때문이다.

학생 선수는 연습^(PR)과 훈련^(TR)을 효과적으로 활용할 수 있어야 한다(김병준, 천성민, 권혁주, 2018). 연습은 학생 선수가 부족한 것을 보완하는 과정이다. 예를 들면 체력이 부족하면 체력을 향상시키기 위해 노력하는 것, 드리블 능력이 부족하면 드리블 연습을 추가 진행하는 것과 같은 것들이다. 연습은 대부분 익숙한 장소에서 친한 동료와 편안한 마음으로 진행하게 된다.

학생 선수가 연습을 진행할 때 중요한 포인트가 있다. 그것은 성공경험을 통해 과정단서를 찾는 것이다. 성공경험이란 연습을 진행하면서 부족한 기술에 대한 긍정적인 경험을 얻는 것이다. 킥 능력이 부족한 선수가 있다고 가정해 보자. 킥 연습을 꾸준하게 하면 그 과정에서 자신이 원하는 수준의 킥을 할 수 있게 된다. 학생 선수가 연습을 통해 성공경험을 자주 하면 부족한 기술에 대해 자신감을 얻을 수 있다.

과정단서는 부족한 기술을 성공시키는 데 도움이 되는 핵심 포인트 또는 과정에 관련된 중요한 단서를 말한다. 이것은 연습을 통한 성공경험에서 찾을 수 있다. 예를 들어 좋은 킥을 하기 위해 볼을 끝까지 보기, 자세를 더 낮추기, 디딤발 체크하기, 발등 임팩트에 더 집중하기 등이 있다. 과정단서는 정답이 없으며 선수가 연습을 통해 스스로 터득하게 된다. 자신만의 과정단서는 부족한 기술에 대한 자신감과 함께 확신을 얻게 된다.

학생 선수가 연습을 진행할 때 유의해야 할 점이 있다.

첫째, 자신에게 부족한 것을 보완하는 쪽으로 연습을 진행해야 한다. 대부분의 학생 선수들이 재미있고 하고 싶은 연습에 집중하고자 한다. 물론 잘하는 것을 더 잘할 수 있게 만드는 과정도 필요하다. 하지만 연습을 진행할 때는 부족한 것을 보완하기 위한 노력이 뒷받침돼야 한다.

둘째, 꾸준한 연습이 필요하다. 요즘 학생 선수들과 이야기를 나눠보면 필자가 생각하는 수준과 학생 선수들이 생각하는 수준에서의 차이를 느낄 수 있다. 운동선수로서 성공하기 위해서는 연습의 빈도와 강도를 더 높이고 꾸준하게 실천해야 한다. 수천 번의 성공경험이 있어야 부족한 기술을 장점으로 변화시킬 수 있다.

셋째, 의도적인 연습을 해야 한다. 이는 학생 선수 본인의 의지

서울 풋볼A U18 선수들 (출처 : 서울 풋볼A U18)

로 진행되는 연습을 말한다. 학생 선수들의 의도적인 연습은 남들
이 잘 때 새벽에 연습을 진행하거나 저녁 식사 이후에 진행되는
개인 운동을 말한다. 의도적인 연습은 아주 진지하고 간절한 상황
에서 진행되는 경우가 많다. 선수들은 의도적인 연습의 효과가 상
당히 크다는 것을 이미 알고 있다. 실천이 잘 되지 않을 뿐이다.

　넷째, 연습만으로는 시합에서 잘할 수 없다는 것을 알아야 한
다. 연습을 아무리 많이 해도 시합에서 잘하기는 쉽지 않다. 연습
과 시합의 환경이 다르기 때문이다. 시합에는 관중과 승패가 존재
하며 연습과 다르게 다양한 자극과 심리적인 어려움이 발생한다.

한편 훈련은 시합에서 좋은 경기력을 발휘하기 위한 준비과정이다. 학생 선수가 시합에서 좋은 경기력을 발휘하려면 훈련을 해야 한다. 훈련에서는 시합과 비슷한 환경과 상황이 주어진다. 패스 게임, 슈팅 게임, 라인 통과 게임 등 상당히 다양하다. 훈련의 중요성을 이해하는 선수들은 팀 훈련에서 모든 에너지를 쏟으면서 마치 시합과도 같이 활용한다. 추가적으로 팀 훈련 전에 자신의 정신 건강을 관리하기도 한다. 자신의 감정을 잘 관리하고 팀 훈련에 방해가 되는 요인들은 철저하게 통제하며 최적의 심리상태를 유지하는 것 등이다. 그래야 팀 훈련에서도 높은 집중력과 에너지를 발휘할 수 있기 때문이다.

학생 선수는 팀 훈련 시 연습보다는 훈련을 해야 한다. 아쉽게도 팀 훈련에서 연습을 하는 이들이 굉장히 많다. 팀 훈련에서 선수들이 연습을 하면 팀 분위기에 부정적인 영향을 주게 된다. 동시에 팀 선수들의 훈련 성취 수준 또한 감소하게 된다. 상대적으로 강한 팀들은 조금 다르다. 팀 훈련 분위기에서 긴장감을 확인할 수 있고 훈련 성취 수준이 상당히 높다. 리그 경기보다 팀 훈련이 더 힘들다고 말하는 선수도 있다. 이들은 팀 훈련에서 연습을 하지 않고 훈련을 하기 때문이다. 스포츠 현장에서 지도자들이 팀 훈련을 할 때 "실전처럼 해라.", "시합이라고 생각하고 해라." 등을 강조하는 이유다.

팀 훈련에서 선수들이 연습이 아닌 훈련을 하려면 어떻게 해야 할까? 이때 지도자의 역할이 중요하다. 지도자의 말과 행동으로 리더십과 카리스마가 발휘돼야 한다. 세부적으로는 선수들이 건강한 경쟁을 할 수 있도록 분위기를 만들어 줄 것, 시합과 유사한 훈련 프로그램을 준비하고 진행할 것, 경기 상황에서 구체적으로 코칭할 것, 신선한 자극을 꾸준히 줄 것 등이다.

스포츠 선수가 훈련을 하면서 체크해야 할 포인트가 있다. 바로 연습을 통해 보완한 기술을 훈련에서 점검해 보는 것이다. 과정단서도 같이 활용할 수 있어야 한다. 만약 연습에서 보완한 킥이 훈련에서 기대 수준만큼 잘 발휘된다면 시합에서도 킥을 잘할 수 있다는 자신감을 얻을 수 있다. 하지만 보완한 킥의 수준이 기대에 못 미치면 추가적으로 연습을 더 진행한다. 과정단서도 수정 보완할 필요가 있다. 연습 때는 잘 되던 기술이 훈련에서 잘 안되는 이유는 연습량 부족에 기인하는 경우가 많다. 훈련에서 자유롭게 발휘할 수 없는 기술은 당연히 시합에서도 발휘할 수 없다.

학생 선수는 연습과 훈련의 차이를 이해하고 효과적으로 활용할 수 있어야 한다. 연습은 부족한 것을 보완하는 과정, 훈련은 시합을 대비하고 완성하는 과정이다. 학생 선수가 시합에서 좋은 기량을 발휘하려면 팀 훈련에서 연습이 아니라 훈련을 해야 한다.

승리로 가는 지름길, 멘탈 플랜

세계적인 명장으로 꼽히는 위르겐 클롭 리버풀 감독은 한 인터뷰에서 "전술만으로는 승리할 수 없다. 감정이 차이를 만든다." 라고 말했다. 이를 통해 높은 수준의 리그나 경기일수록 '멘탈'이 결정적인 역할을 한다는 것을 알 수 있다. 선수는 경기를 준비하는 과정에서 기술과 체력, 전략을 준비하는 것처럼 멘탈도 같이 준비해야 한다. 그래야 자신이 준비한 것을 그라운드에서 자신 있게 펼칠 수 있다. 만약 경기를 준비하는 과정에서 멘탈적인 준비를 하지 않는다면 패배하러 가는 것과 같다.

스포츠 선수들은 멘탈적인 준비를 효과적으로 하기 위해 멘탈 플랜(Burton & Raedeke, 2008)을 설정하고 실천한다. 여기서 말하는 멘탈 플랜(Mental Plan)은 선수가 경기를 준비하는 과정에서 높은 수준의 멘탈을 관리하기 위한 계획이다. 추가적으로 경기 상황에서 마주하는 다양한 어려움에 대처하는 방안도 생각해야 한다. 멘탈 플랜을 설정하면 자신을 긍정적인 방향으로 이끌게 되고 높은 집중력을 유지시켜 주는 장점이 있다. 또한 경기 상황에서 흔들림 없이 현명한 판단과 대처가 가능하고, 이를 통해 선수가 자기 주도적으로 경기를 펼칠 수 있게 된다. 멘탈이 우수한 선수들은 자신만의 멘탈 플랜을 가지고 있다.

스포츠 선수가 경기장에 도착한 후부터 멘탈 플랜을 실천할 것을 권장한다. 선수들은 대부분 구단 버스를 타고 경기 시작 100분 전에 경기장에 도착하게 되며, 이때부터 선수는 자신이 설정해 놓은 멘탈 플랜을 실천하고 집중해야 한다. 특히 경기 전에 실천하는 멘탈 플랜은 분 단위로 설정하고 실천해야 한다. 그 이유는 경기 전 멘탈 플랜 실천 수준에 따라 선수의 마음가짐, 태도, 정신적인 준비도가 결정되기 때문이다. 또한 팀 미팅 시간, 워밍업 시간을 제외하면 선수에게 주어지는 시간은 약 40분 정도이며 선수는 워밍업 전까지 멘탈적인 준비를 마무리해야 한다.

멘탈 플랜은 선수의 행동과 심리기술 전략이 조화를 이뤄야 한다. 현재 K리그에서 뛰고 있는 A 선수는 "훈련복 갈아입고 화장실 가기(음악), 경기장에 나가서 그라운드 상태 체크하기(음악), PP 노트 확인하면서 자기암시 실천하기(음악), 에너지 존 체크 및 긍정적인 생각하기(성공 이미지) 등의 멘탈 플랜을 분 단위로 실천한다고 말

상황		방법
시합 전 (락카룸 도착)		100분전: 시작(락카룸 자리로 이동하여 짐 체크). 95분전: 훈련복을 갈아입고 화장실 가기(음악, 선크림). 90분전: 경기장에 나가서 그라운드 상태 체크하기(음악, WTF 이미지). 80분전: PP 노트 확인하면서 자기암시 실천하기(음악, 긴장감 유지). 70분전: 에너지 존 체크 및 긍정적인 생각하기(성공 이미지). 65분전: 팀 미팅(감독, 수석코치 진행). 55분전: 워밍업실에서 스트레칭 및 폼롤러 하기(자기암시). 50분전: 팀 워밍업 시작. 15분전: 아미노 및 수분 섭취, 유니폼 갈아입기(화장실). 10분전: PP 노트 한번 더 체크(가방 안주머니) 7분전: 팀 미팅 및 파이팅, 장비 점검하러 이동
시합 중	전반전	• 좋은 위치에서 볼 받기(쉬운 패스를 더 확실하게). • 경합 상황에서 과감하게 부딪치기(Win Ugly). • 첫 터치 신경 쓰기, 의도적으로 스위칭 플레이 시도하기.
	후반전	• 체력적인 관리 및 패스 타이밍 빠르게(앞으로 패스). • 더 결과를 내려놓고 과정 목표에 집중하기(역할 임무). • 경기 종료에 가까워질수록 더 안전한 수비하기.
	중요한 포인트	• 에너지 존 관리(평정심, 상대 자극에 반응하지 않기). • 실수 후에 빠르게 '현재 집중'하기. • 동료들에게 필요한 것을 계속 요구하기(개방형 대화).
경기 후		• 인사하기(지도자, 선수, 심판). • 시합에 대한 보상 찾기(자신감 요인). • 과정 미흡형 귀인하기. • 정신 건강을 회복하기 위한 계획 및 실천

K리그 A선수의 멘탈 플랜

한다. 또한 A 선수는 "멘탈 플랜을 통해 심리적으로 안정감을 찾을 수 있고 최고의 경기력을 발휘하는 데 도움이 되는 이상적인 마음가짐을 갖출 수 있어요."라고 말한다.

멘탈 플랜을 통해 준비가 잘된 선수는 높은 집중력과 평정심을 바탕으로 그라운드에서 안정적인 경기력을 발휘하게 된다. 또한 경기 상황에서 마주하는 어려움에 당황하지 않고 미리 설정해 놓은 멘탈 플랜대로 대처하게 된다. 경기 상황에서의 멘탈 플랜은 경기 전에 실천하는 멘탈 플랜과 다르게 분 단위로 설정하지 않고 상황별로 설정해야 한다. 다양한 상황의 예는 전반전, 후반전, 이기고 있을 때, 지고 있을 때, 경기가 잘 풀릴 때, 잘 풀리지 않을 때 등이며 자신에게 적합한 상황을 설정하고 대비해야 한다. 만약 멘탈 플랜이 없다면 경기 상황에서 마주하는 내적·외적 자극에 동요하게 되고, 집중력과 평정심을 유지하는 데 어려움을 겪게 된다. 또한 위기관리 능력에서도 취약한 모습을 보인다.

경기 종료 후에도 멘탈 플랜은 이어진다. 경기는 이길 수도 있고 질 수도 있지만 스포츠는 계속되기 때문이다. 스포츠 선수들이 경기 종료 후에 멘탈을 빠르게 회복할 수 있느냐에 따라 다음 경기에 많은 영향을 주게 된다. 스포츠 선수는 승패와 상관없이 경기에 대한 보상을 반드시 찾아야 하며 긍정적인 귀인을 통해 자신의 멘탈을 빨리 재정비해야 한다. 그래야 다음 경기를 준비하는 속도를 높일 수 있게 되고, 이를 통해 다음 경기에 대한 기대감을 가질 수 있게 된다. 스포츠 선수는 멘탈 플랜의 중요성과 필요성을 꼭 인지해야 한다. 스포츠는 기계가 아니라 사람이 하는 것이기 때문이다.

재능은 헌신을 만나야 꽃이 된다

프로 세계에서 꽃을 피우고 오랜 시간 동안 선수 커리어를 이어가는 선수는 헌신의 중요성을 잘 안다. 헌신적인 선수는 자기관리 능력이 뛰어나고, 다양한 상황에서 마주하는 어려움을 흔들림 없이 이겨내는 특징이 있다. 반대로 선수가 헌신적이지 못하면 뛰어난 재능을 가지고 있어도 자신의 가치를 증명하지 못하고 프로 세계에서 살아남기가 어려워진다.

스포츠심리학에서는 몸과 마음을 바쳐 모든 힘을 쏟아붓는 행위를 헌신이라고 한다(김병준, 2012). 선수는 헌신의 중요성을 이해하고 현장에서 헌신을 발휘할 수 있어야 한다. 만약 헌신을 발휘하지 못한다면 선수 생활을 오랫동안 하기가 어렵다. 필자의 21년 선수 경험을 토대로 말하면, 경기력에 도움이 되는 것에 온전히 집중하고 도움이 되지 않는 것을 철저하게 통제하며, 시합을 준비하는 과정에서 느끼는 외로움과 공허함을 이겨내는 것이 헌신이다. 이는 그 누구도 해결해 줄 수 없고 오직 선수 본인만이 해결할수 있다.

선수에게 필요한 헌신을 정리해 보자.

첫째, 선수는 자유 시간을 희생할 수 있어야 한다. 헌신을 발휘하는 선수는 자유 시간을 현명하게 활용한다. 프로 선수는 일주일에 한 번씩 진행되는 리그 경기로 인해 일주일 내내 규칙적인 생

이가람 선수 (출처 : 장기문 인천유나이티드 명예사진기자)

※인천유나이티드 U18 대건고 이가람 선수는 2023 시즌을 마치고 K리그1 인천유나이티드에 입단했다. 헌신의 아이콘이라고 불릴 정도로 유년 시절에 엄청난 헌신을 발휘했고 이를 통해 당당히 K리거가 됐다.

활을 하게 되지만, 팀 미팅과 오후 훈련 이외에 오전과 저녁 시간에 자유 시간을 가질 수 있다. 이때 헌신을 발휘하는 선수는 자신의 경기력에 도움이 되는 행동을 의도적으로 적극 실천한다. 예를 들면 컨디션이 좋지 않거나 부족한 부분이 있으면 추가적으로 더 훈련하기, 조금이라도 아픈 곳이 있다면 치료실을 방문하여 치료받기, 몸이 피곤할 때 동료들의 제안을 거절하고 휴식을 취하기 등이다.

둘째, 선수는 올바른 결정을 내릴 수 있어야 한다. 선수는 자신의 성장과 선수 생활을 위해 중요한 결정을 해야 할 때가 있다. 특히 팀을 이적하는 과정에서 사람과 돈의 문제로 인해 어려움을 많이 겪게 된다. 이때 눈앞에 보이는 것보다 멀리 보는 안목으로 현명한 결정을 내려야 한다. 또한 선수는 공인이다. 얼마나 많은 이들이 자신을 지켜보고 있고 관심을 가지고 있는지를 모를 때가 많다. 즉, 공인으로서 사생활을 잘 관리해야 한다. 예를 들어 오해를 살만한 언행을 하지 않기, 음주운전하지 않기, 이성에 대한 문제를 만들지 않기, 불법 도박하지 않기 등이 있다. 이는 선수 생활을 이어가는 데 매우 중요한 부분이며 잘 관리하지 못하면 은퇴 이후에도 평판에 문제를 남긴다.

셋째, 선수는 좋은 컨디션을 유지할 수 있어야 한다. 선수는 언제 올지 모르는 기회를 잡기 위해 최고의 몸 상태를 만들고 유지해야 한다. 하지만 이것은 생각보다 상당히 어렵다. 또한 머피의

법칙처럼 좋은 컨디션을 유지하고 있을 때 기회가 찾아오기보다는 좋은 컨디션을 유지하지 못할 때 기회가 찾아오는 경우가 많아 결국 기회를 놓치고 만다. 기회가 주어지지 않는다면 기분이 좋지 않겠지만, 부정적인 감정들을 잘 관리하고 숨기며 자신을 위해 더 철저하게 몸 관리를 해야 한다. 이러한 과정은 선수의 성장에 중요한 디딤돌 역할을 하며, 기회가 주어졌을 때 악착같이 자신의 진가를 발휘할 수 있는 원동력이 된다.

넷째, 균형 있는 삶을 유지할 수 있어야 한다. 대부분의 선수는 개인적인 삶이 없고 스포츠가 전부인 경우가 많다. 운동이 잘 될 때는 문제가 되지 않지만 잘되지 않을 때는 강한 심리적 타격을 받게 된다. 이때 스포츠와 삶의 균형을 균등하게 맞춰야 한다. 즉, 스포츠를 잠시 잊고 머리를 식힐 수 있는 활동이 필요하다. 예를 들어 스케줄이 없는 날에 가족들과 시간을 같이 보내기, 조용한 커피숍에 가서 책을 읽거나 재미있는 영화 보기, 등산하기, 자신의 종목 외에 다양한 스포츠 즐기기 등이 있다. 이러한 활동은 정신 건강을 빠르게 회복시켜 주고 동기를 향상시켜 운동에 더 집중할 수 있게 해준다.

프로 세계는 뛰어난 재능을 가지고 있는 선수들이 모여 경쟁하는 곳이다. 뛰어난 재능을 가지고 있는 이들이 많기 때문에 헌신은 반드시 발휘되어야 한다. 그래야 아름다운 꽃을 피울 수 있다.

부상, 마음도 함께 관리해야 하는 이유

지도자들은 안 다치는 것도 실력이라고 말한다. 하지만 부상은 스포츠 선수 본인 스스로 통제하기가 매우 어렵다. 아무리 규칙적인 식사, 수면, 휴식, 보강 운동을 통해 부상을 예방해도 경기 상황에서 상대 선수의 거친 파울, 적극적인 몸싸움, 태클 등에 의해 부상을 당할 수 있기 때문이다.

스포츠 선수가 부상을 당하면 양가감정(Ambivalence)을 경험하게 된다. 이는 긍정적인 감정과 부정적인 감정을 동시에 경험하게 되는 것을 말한다. 빠른 부상 회복을 위해 치료와 필드 재활에 집중하려는 감정이 들다가도 부상을 부정적으로 인식하려는 감정을 예로 들 수 있다. 선수의 긍정적인 감정은 부상 회복에 도움을 주지만 부정적인 감정은 부상 회복에 해롭다는 사실을 알아야 한다.

즉, 부정적인 감정을 통제할 수 있어야 한다.

긍정적인 감정을 잘 유지하면 부상 회복에 도움이 되는 행동을 지속적으로 실행함으로써 복귀를 앞당길 수 있다. 규칙적으로 치료실을 방문하여 팀 트레이너에게 치료를 받고 부상 회복과 체력에 도움이 되는 음식과 영양제를 섭취한다거나, 잦은 외출 대신 휴식을 취하는 행위를 예로 들 수 있다. 하지만 부정적인 감정을 유지하면 부상 회복에 도움이 되는 행동의 지속성과 정확성이 감소하게 되기 때문에 빠른 부상 회복에 도움이 되지 못한다.

스포츠 선수들의 빠른 부상 회복을 위해서는 부상 치료와 심리기술 전략을 같이 활용해야 한다. 최근 진행된 연구결과가 이를 뒷받침하고 있다(Gennarelli, Brown, & Mulcahey, 2020). 부상을 당한 선수들이 치료와 재활을 진행할 때 심리기술 전략(이미지 활용, 긍정적인 자기암시, 목표 설정)을 같이 활용하면 심리적인 안정과 부상 회복에 긍정적인 영향을 준다고 한다.

이미지 활용의 예로서, 선수가 움직였을 때 부상 부위의 통증이 감소된 것을 느끼는 상상, 부상 회복 후 필드 재활(조깅)을 하는 상상 등이 있다. 자기암시로는 "지금 충분히 잘하고 있다.", "복귀에 가까워지고 있다." 등을 들 수 있는데, 이를 통해 자신의 감정을 다스리는 데 도움을 받을 수 있다. 또한 성공적인 복귀를 위한 구체적인 목표 설정은 선수가 조급해 하지 않고 시간을 현명하게 활용할 수 있도록 해준다. 추가적으로 선수를 믿어주고 용

부상 (출처 : FA photos)

기를 전달해주는 등 주변 지인들의 사회적 지지도 큰 도움이 될 수 있다.

실제로 부상 선수는 상당히 예민하고 불안정한 심리상태에 있다. 특히 치료하는 과정에서 부상 회복 속도와 복귀 시기 문제로 팀의 의무 트레이너와 마찰을 겪는 일이 생각보다 아주 많다. 선수는 빠른 부상 회복을 위해 안정된 심리상태가 중요하다는 것을 인지하고 심리기술 전략을 활용하여 안정된 심리상태를 유지해야 한다. 또한 팀의 코칭스태프와 팀 동료들의 따뜻한 말 한마디가 부상 선수에게 큰 힘이 된다. 팀의 의무 트레이너는 상황에 따라 멘탈 코치의 역할도 겸해야 한다.

부상에서 회복 중인 선수는 팀 훈련에 참여하지 못하기 때문에 팀에 미안함을 가지게 되고 코칭스태프의 눈치를 보며 스포츠 선수로서 정체성을 잃게 될 가능성이 높다. 이러한 상황에서 권장되는 대처 방법은 삶과 일(운동)을 확실하게 구분하고 삶에 더 집중하는 것이다. 즉, 하루 일과 중 부상에 대한 치료 시간을 제외한 나머지 시간을 삶에 적극 투자하여 심리적인 안정감을 찾고 회복시켜야 한다. 개인적인 취미생활에 집중하거나 자신에게 힘이 되어 주는 가족이나 지인 또는 멘토와 함께 시간을 보내는 것을 예로 들 수 있다.

부상에서 회복 중인 선수는 복귀 시기를 현명하게 판단해야 한다. 팀이 어려움에 처해 있거나 자신의 경쟁자가 좋은 성적을 올리고 있을 때 또는 코칭스태프가 빠른 복귀를 요청할 때 복귀를 서두르는 경우가 많다. 하지만 필자는 완벽하게 준비가 된 상태에서 복귀하는 것을 권장한다.

부상 회복이 완벽하지 않은 상태에서 복귀하면 최상의 경기력을 발휘하기 어렵고 부상 재발의 우려가 있다. 궁극적으로 좋은 경기력을 발휘하지 못할 경우 선수 입지에 문제가 발생한다. 하지만 부상 회복이 완벽한 상태에서 복귀하면 부상에 대한 재발 확률이 낮고 심리적으로 안정된 상태에서 몸을 끌어올릴 수 있다. 이는 자신감 향상으로 이어진다.

스포츠 선수가 부상당하지 않는 것도 실력이다. 하지만 어쩔 수 없이 부상을 당했다면 빠른 회복을 위해 심리기술 전략을 활용하여 안정된 심리상태를 유지해야 한다. 그래야 빠른 부상 회복과 복귀를 기대할 수 있다.

은퇴도 반박자 빨라야 한다

모든 시작은 끝이 있고, 준비된 자만이 웃을 수 있다. 스포츠 선수들은 대부분 높은 연봉과 많은 팬들의 관심을 받으며 비교적 화려한 삶을 산다. 하지만 이들은 일반인과 다르게 직업이 안정적이지 않고 정년이 보장되지 않으며, 30세 전후로 은퇴를 준비해야 한다. 또한 은퇴식에서 팬들의 아쉬움과 박수를 받으며 은퇴하는 선수는 손에 꼽을 만큼 적다. 소리소문없이 사라지는 선수들이 더 많다. 필자도 후자 중 하나였다.

축구 선수들이 은퇴하는 과정을 경험적 근거로 분석해 보면, 자의보다 타의에 의해 은퇴가 결정되는 경우가 더 많고 군대 문제도 선수생활에 많은 영향을 준다. 특히 일반인과 다르게 은퇴 시기를 예상할 수 없고, 갑작스럽게 은퇴가 결정되는 경우가 많아 은퇴 준비가 안 된 상황에서 은퇴를 하게 되는 경우가 많다. 결국 은퇴 선수는 자신의 정체성에 혼란을 겪게 된다. 또한 30세 전후 시기에 사회적으로 자리를 잡아가는 일반인과 다르게 은퇴 선수들은 사회 초년생으로 다시 사회에 나오게 되므로 사회 적응에 많은 어려움을 겪는다.

현재 국내에서 뛰고 있는 20대 중후반 선수부터 30대 선수들은 학업 결손 세대이다. 대부분 체육특기자 제도로 인해 학업을 제대로 보장받지 못했고 오로지 운동에만 집중했다. 이로 인해 은퇴 이후 직업의 선택 폭이 상당히 좁은 실정이다. 은퇴선수 실태 조사(대한체육회, 2019)에 따르면 운동선수의 은퇴 나이는 평균 23세이며, 실업률이 41.9%로 나타나 은퇴 준비가 얼마나 중요한가를 말해주고 있다.

운동 선수가 은퇴 이후 성공적인 삶을 이어가기 위해서는 다음과 같은 것들이 필요하다.

첫째, 은퇴 준비의 중요성을 높게 인식해야 한다. 선수들은 대부분 은퇴 준비의 중요성을 인식하지 못하거나 정작 은퇴가 가까워져서야 준비를 시작하는 경우가 많다. 하지만 스포츠 심리전문가들은 프로에 입단할 때부터 은퇴 준비를 시작해야 하며, 준비가 마무리된 상태에서 은퇴해야 한다고 말한다. 이는 선수 자존감을 유지하고 심리적 타격을 예방할 수 있으며 제2의 삶을 성공적으로 살아가는 데 큰 도움이 된다.

FC안양 시절 이상우 선수 (출처 : FA photos)

둘째, 교육을 통해 전문성을 갖추어야 한다. 은퇴 이후 진로를 결정했다면 전문성을 갖추기 위한 교육이 필요하다. 선수 생활을 하면서 은퇴 이후 진로를 준비하는 것은 매우 어렵고 힘든 일이다. 하지만 현실을 직시한다면 선수 생활과 은퇴 이후 진로 준비를 투 트랙으로 나누어 집중하고 실행에 옮기는 것이 옳다. 또한 목표 설정을 활용하여 단기, 중기, 장기, 최종 목표를 설정하고 세부 목표와 달성 마감 시간을 체크하여 시간을 알뜰하게 활용해야 한다. 이러한 과정을 통해 은퇴 이후 진로를 체계적으로 준비할 수 있게 되고 집중과 노력의 수준을 높일 수 있다.

선수들은 대부분 학업^(대학원, 자격연수)에 대한 의지를 가지고 있으나 학업을 두려워하여 도전하지 못하는 경우가 많다. 만약 학업

연장을 고민하는 선수가 있다면 적극적인 도전을 권장한다. 선수는 수준 높은 현장 경험을 가지고 있기 때문에 학업을 통해 이론을 습득하고 발표 능력과 글 쓰는 능력을 향상시킬 수 있다면 남다른 전문성과 차별성을 갖출 수 있다. 또한 실제로 현장에서는 경험과 이론을 겸비한 인재가 많이 필요한데, 이러한 역량 강화는 은퇴 이후 직업 선택에 큰 도움이 된다.

셋째, 관심 분야의 전문가와 의사소통을 통해 진로에 대한 정보를 확인해야 한다. 현역 시절 선수들의 인적 네트워크는 대부분 스포츠 선수들이며 바쁜 팀 스케줄로 인해 다양한 영역의 사람들과 의사소통을 하는 데 어려움이 있다. 은퇴 이후 성공적인 진로를 선택하기 위해서는 자신의 관심 분야에 종사하는 전문가와 주기적으로 의사소통을 해야 한다. 이를 통해 직업에 대한 정보를 구체적이고 정확하게 확인할 수 있으며 은퇴 이후 진로에 대한 확신을 높일 수 있다. 예를 들어 직업의 장단점, 급여 수준, 시장의 규모, 직업 적합성 등이 있다.

스포츠 선수는 선수 생활을 평생 할 수 없고 은퇴를 피할 수 없다. 제2의 삶을 빠르게 준비하지 않으면 성공적인 삶을 이어갈 수 없다는 것을 꼭 명심하자.

제4부

신뢰로 뭉친 팀은
쉽게 패배하지 않는다

연구와 신뢰 획득, 지도자는 만들어진다

좋은 지도자의 자질은 타고나지 않는다. 끊임없는 노력으로 만들어진다. 지도자는 피 말리는 승부의 세계에서 오직 결과로 자신의 가치를 증명해야 한다. 이로 인해 지도자는 엄청난 압박감과 부담감을 안고 산다. 또한 어떠한 직업보다 정신적 스트레스와 에너지 소비가 높아 정신 건강에 문제가 발생할 가능성이 높지만, 팀 승리라는 보약을 통해 숱한 어려움을 이겨내며 버티게 된다.

지도자가 스포츠 팀에 미치는 영향력은 상당히 크다. 스포츠심리학자들은 지도자의 리더십과 코칭행동 수준에 따라 팀 분위기와 선수들의 동기 수준이 결정된다고 말한다(이상우, 김병준, 2013). 추가적으로 팀 의사소통과 팀 경기력에도 긍정적인 영향을 준다. 하지만 스포츠심리학자들은 단시간에 지도자가 팀과 선수들에게 긍정적인 영향을 주기는 상당히 어렵다고 말한다. 많은 시행착오와 다양한 경험을 쌓아야 하며 지도자의 의도적인 행동이 지속되어야 가능하기 때문이다.

팀 선수들에게 긍정적인 영향을 주기 위해서 지도자가 할 수 있는 의도적인 행동은 다음과 같다.

첫째, 끊임없이 연구와 학습에 매진한다. 스포츠과학이 스포츠 현장에 들어오면서 지도자가 연구해야 하는 분야는 상당히 다양해졌다. 만약 지도자가 연구를 하지 않는다면 발전과 변화를 기대할 수 없으며 냉혹한 승부의 세계에서 살아남기가 어렵다. 특히 요즘은 선수도 지도자를 평가한다. 지도자는 현실에 안주하지 않고 꾸준히 연구해야 선수들의 동기 수준을 높이고 팀 분위기를 향상시킬 수 있다.

지도자는 기본적으로 최신 트렌드를 이해하고 분석한 후 효과적인 훈련 프로그램과 전술전략을 선수들에게 제공해야 한다. 팀 선수들에게 좋은 훈련과 전술전략을 제공하는 것은 쉬울 것 같지만 생각보다 상당히 어렵다. 대부분의 선수들이 이에 만족하지 못하는 경우가 많다. 선수들은 디테일하고 명확한 코칭을 선호하지만, 이러한 코칭을 해줄 수 있는 지도자가 생각보다 많지 않은 것이 현실이다.

이러한 부분을 개선하려면 다양한 학문을 배우고 활용할 수 있어야 한다. 예를 들면 스포츠심리학 서적이나 교육을 통해 리더

펩 과르디올라 감독(맨시티) (출처 : Alamy)

십, 코칭행동, 심리기술 전략 등을 이해하고 습득하여 팀 선수들에게 적용해야 한다. 추가적으로 생리학, 영양학 등 관련 학문에 대한 지식은 물론 컴퓨터 활용 능력도 갖추어야 한다. 지도자가 다양한 학문의 이론적 근거와 능력을 갖추고 있다면 팀의 훈련 방법, 컨디션 관리, 부상 예방 등의 수준이 상당히 높아질 것이다. 팀 선수들은 이를 바로 피부로 느끼게 된다. 물론 다양한 역량을 갖추기 위해서는 상당한 시간과 어려움이 예상되지만 승부에 세계에서 생존하기 위해서는 차별성을 갖춰야 한다.

둘째, 팀 선수들에게 신뢰와 믿음을 얻는다. 지도자와 팀 선수들 간에 신뢰와 믿음이 형성되기는 상당히 어렵고 많은 시간이 필요하다. 그렇기 때문에 지도자는 팀의 선수들로부터 신뢰와 믿음을 얻기 위해 꾸준히 진심을 전해야 한다. 스포츠 경기에서는 지도자가 아닌 선수가 뛰게 된다. 지도자가 팀 선수들에게 신뢰와 믿음을 얻으려면 일관성이 발휘되어야 한다. 즉, 훈련과 경기 상황에서의 코칭, 팀의 규범, 전술전략 등에서 일관성을 보여주어야 한다. 그래야 선수들이 지도자에 대한 신뢰와 믿음을 바탕으로 방향성을 정확하게 인지할 수 있다.

지도자는 팀 훈련을 하기 전에 선수들이 훈련에 대한 목적과 목표를 정확하게 이해할 수 있도록 논리적으로 설명할 수 있어야 한다. 선수들이 목적과 목표를 이해하지 못한 채 팀 훈련이 진행되는 경우가 의외로 많다. 또한 고유 권한인 경기 출전선수 명단을 설정할 때도 팀 선수들이 충분히 공감할 수 있게 설정해야 한다. 선수들도 눈과 귀를 이용하여 모든 상황을 인지한다. 만약 오해가 생길 수 있는 상황이라면 팀 선수들에게 솔직하고 정확한 지도자의 입장을 밝혀야 한다. 이러한 과정은 지도자와 팀 선수들 간에 신뢰와 믿음을 형성하는 데 굉장히 중요하다.

목표가 없는 동일한 훈련 프로그램의 반복이나 개인감정이 들어간 강도 높은 훈련 그리고 선수들이 전혀 공감할 수 없는 출전선수 명단 등은 신뢰와 믿음에 악영향을 주고, 선수들의 사회적 태만도 증가시킨다. 심할 경우 팀 훈련과 경기에서 선수들이 최선을 다하지 않고 사보타주(태업)할 수도 있다. 결과적으로 팀 성적에 문제가 발생하고, 연패의 늪에 빠진다. 실제로 성적이 좋지 않은 스포츠 팀을 방문하면 지도자와 선수들 간에 신뢰와 믿음이 무너져 있는 경우를 자주 확인할 수 있었다.

　지도자는 팀 선수들에게 수준은 높은 코칭과 진심을 전달해야 한다. 만약 지도자의 진심을 느낄 수 있다면, 팀 선수들은 그라운드에서 지도자가 원하는 경기력을 발휘하기 위해 안간힘을 쓸 것이다. 팀 선수들이 지도자를 위해 뛰기 시작하면 그 팀은 쉽게 지지 않는다.

지도자는 선수의 동기를 책임져야 한다

"요즘은 지도자가 선수들에게 동기부여를 해주는 것이 매우 어려운 시대가 됐어요." AFC 지도자 A License 교육 중 한 강사가 한 말이다. 당시 필자는 교육을 듣는 수강생이었고 이 말이 크게 와닿지 않았다. 하지만 한 팀의 감독을 경험해 보니 이 부분에 매우 공감하게 되었고, 실제로 스포츠 현장에서 지도자가 선수들의 동기 수준을 높여주는 것이 매우 어렵다는 것을 알게 됐다.

지도자는 팀을 이끌기 위해 해야 할 일이 너무나도 많다. 팀 훈련, 영상 분석, 전술전략, 경기 참가, 부상자 관리 등 이외에도 할 일이 무척 많다. 하지만 지도자는 이런 것들에 앞서 선수들의 동기 수준을 가장 먼저 고민해야 한다. 동기 수준이 높지 않은 선수는 노력의 강도와 지속성이 낮고 훈련과 경기 상황에서 헌신을 발휘하기가 어렵다. 나아가 팀 훈련의 성과와 경기력에 많은 영향을 주게 된다. 비유적으로 말하면 선수에게 동기는 자동차의 연료와 같다. 아무리 좋은 고급 세단이라고 할지라도 연료가 없으면 운행할 수 없게 되는 것처럼 선수도 동기가 없다면 올바른 성장과 발전을 기대하기가 어렵다.

선수들의 동기 수준을 높이기 위해서는 지도자가 만드는 동기 분위기(Motivational Climate)가 중요하다(Olympiou, Jowett, & Duda, 2008). 즉, 지도자의 지도 방식이나 리더십 또는 긍정적인 말과 행동은 선수들의 동기 수준에 영향을 준다. 지도자가 만드는 동기 분위기에는 숙달 분위기(Mastery Climate)와 수행 분위기(Performance Climate)가 있다.

우선 숙달 분위기는 지도자가 선수들의 결과보다 과정(노력)을 중요하게 생각하고 칭찬과 격려를 통해 선수들의 성장에 초점을 맞추는 것이다. 숙달 분위기의 예로 훈련이나 경기 상황에서 좋은 플레이가 나오게 되면 즉각적으로 긍정적인 강화(엄지척, 박수)를 해주는 것, 선수가 실수하면 혼을 내지 않고 격려를 해주는 것, 지도자가 선수에게 기술 지도를 꾸준히 해주는 것, 지도자가 선수들의 노력과 즐거움을 강조하고 목표를 세워주는 것 등을 들 수 있다. 숙달 분위기를 활용하는 지도자는 선수들과의 신뢰와 믿음 수준이 높고 원활한 의사소통 능력을 발휘하는 특징이 있다. 하지만 현장에서 활동하는 지도자들은 성적으로 인한 압박감으로 숙달 분위기를 꾸준히 활용하기는 어렵다고 말한다.

디에고 시메오네 감독(아틀레티코 마드리드)
(출처 : Alamy)

수행 분위기는 지도자가 선수들에게 과정(노력)보다 결과를 강조하고 경쟁에서 이기는 것을 중요하게 생각하며, 경쟁에서 이기는 선수에게는 보상을 해주는 것을 말한다. 수행 분위기의 예로 경기에서 승리하면 자유(휴식)를 부여하는 것, 경기에서 실수하거나 패배하면 부정적인 코칭과 처벌을 하는 것, 지도자가 주전 선수와 비주전 선수들 간에 대우를 각각 다르게 하는 것 등을 들 수 있다. 수행 분위기를 활용하는 지도자는 선수들과의 친밀도 수준이 높지 않고, 수직 관계를 형성하며 의사소통에 대한 어려움이 자주 발생하는 특징이 있다. 또한 수행 분위기는 한국 스포츠 현장에서 자주 확인할 수 있는 지도자의 동기 분위기이다.

지도자가 만드는 숙달 분위기와 수행 분위기를 비교해 보면 지도자는 수행 분위기보다 숙달 분위기를 활용해야 한다고 생각할 수 있다. 스포츠심리학자들도 숙달 분위기를 권장한다. 하지만 한국 스포츠 현장을 이해한다면 조금 다르게 생각할 필요가 있다. 지도자가 선수들에게 꾸준히 숙달 분위기를 활용하는 것을 적극 권장하지만 시기와 상황에 따라 수행 분위기도 같이 활용하는 것이 좋다. 지도자가 만드는 수행 분위기도 팀 훈련과 경기 상황에서 선수들의 동기 수준을 높여줄 수 있기 때문이다. 한국 스포츠 현장에서 지도자는 두 가지의 동기 분위기를 적절하게 활용할 수 있어야 한다. 물론 숙달 분위기에 더 많은 비중을 두는 것을 권장한다. 국내에서 두 가지의 동기 분위기를 잘 활용하는 지도자로는 울산HD 홍명보 감독이 있다.

지도자가 만드는 동기 분위기는 선수들의 동기 수준에 긍정적인 영향을 줄 수 있다. 하지만 조금 더 세부적인 동기 전략이 필요하다. 지도자에게 추천할 수 있는 전략으로는 타겟(TARGET) 원칙이 있다. 타겟 원칙은 과제(Task), 권위(Authority), 인정(Recognition), 집단 편성(Grouping), 평가(Evaluation), 시간(Time) 등으로 구성된다(Morgan, 2017).

과제는 지도자가 선수들에게 도전하고 노력할 수 있도록 기술 향상 목표를 설정해 주는 것을 말한다. 체력이 부족한 선수에게

과제 (Task)	권위 (Authority)	인정 (Recognition)	집단편성 (Grouping)	평가 (Evaluation)	시간 (Time)

타겟 원칙(Morgan, 2017)

체력을 향상시킬 수 있도록 프로그램을 설명해 주고 연습 횟수와 시간을 설정해 주는 것을 예로 들 수 있다.

권위는 지도자가 선수들에게 의사결정의 기회를 부여하는 것을 말한다. 예를 들면 지도자가 훈련 강도나 내용, 휴식 등의 의사결정을 선수들과 협의하여 결정한다.

인정은 지도자가 선수의 기량 향상에 대해 인정해 주는 것을 말한다. 예를 들어 선수가 많은 노력을 통해 체력적인 요인이 향상되었다면 지도자가 인정해 주고 칭찬한다.

집단 편성은 지도자가 그룹을 형성하여 선수들이 같이 노력하고 기량 향상을 할 수 있도록 돕는 것을 말한다. 예를 들면 체력 향상이 필요한 그룹, 득점 향상이 필요한 그룹 등을 지도자가 편성하여 같이 연습하고 피드백을 주고받을 수 있도록 만든다.

평가는 지도자가 선수의 노력, 향상, 지속성 등을 체크하여 평가하는 것을 말한다. 예를 들면 지도자가 자신의 기준에서 한 달에 한 번씩 선수들의 향상 수준을 평가하여 이를 공유하고 소통하는 과정을 말한다.

시간은 지도자가 선수의 기량 향상을 돕기 위해 충분한 시간을 제공해 주는 것을 말한다. 예를 들면 지도자가 선수에게 조급함을 갖지 않도록 충분한 훈련 시간과 기간을 주고 기량 향상이 될 때까지 기다려 준다.

타킷 원칙은 한국 스포츠 현장에서 지도자가 쉽게 활용하고 적용하는 데 효과적이다. 또한 타겟 원칙은 자신이 지도하는 팀의 성별, 연령, 환경, 특이 사항 등을 고려하여 적용해야 한다. 이 원칙을 지도자의 철학에 맞추어 수정 보완하는 것도 좋은 방법이 될 수 있다.

지도자는 자신만의 동기 분위기와 타겟 원칙을 활용하여 선수들의 동기 수준을 높이고 관리할 수 있어야 한다. 그래야 선수의 성장을 도울 수 있고 훌륭한 선수로 키워낼 수 있다.

지도자는 올바른 태도를 기대한다

지난해 5월은 유독 지방 출장이 많았다. 강릉, 경주, 광양, 함안 등의 지방을 돌며 선수들을 교육하고 또 경기를 관찰했다. 스포츠 현장에 가면 선후배 지도자들을 많이 만나게 되고 이런저런 이야기를 나누게 된다. 그러다 보면 최근 지도자들이 당면하고 있는 어려움을 확인할 수 있다. "우리 팀 선수들의 태도가 너무 안 좋아서 큰일이야. 어떻게 하면 좋을까?", "실력도 중요하지만 태도가 전부라고 생각해요.", "선수들이 컨디션을 관리하는 것처럼 태도도 관리하면 참 좋을 텐데 아쉬워요." 현장에서 만난 지도자들의 말이다. 대부분의 지도자들은 한 목소리로 선수들의 태도에 관한 이야기를 했다.

필자도 태도를 매우 중요하게 생각한다. 특히 "태도가 성과를 만든다."라는 말을 참 좋아한다. 현장에서 활동하는 지도자들에게 직접 선수의 태도에 관한 이야기를 듣게 되니 많은 생각을 하게 됐다. 우리는 그동안 어떻게 하면 축구를 더 잘할 수 있을지에 대한 고민과 노력은 많이 했지만 올바른 태도를 갖추기 위한 고민과 노력은 많이 하지 못한 것 같다.

필자는 선수의 태도에 관한 이야기에 궁금증이 커졌다. "지도자가 인식하는 선수의 올바른 태도는 무엇인가요?" 주변 선후배 지도자들에게 유선상으로 질문을 하고 다양한 정보를 수집했다.

지도자들이 인식하는 선수들의 올바른 태도란 무엇일까?

첫째, 자신의 감정을 잘 관리하는 것이다. 스포츠 선수로 활동하다 보면 자신이 생각한 것처럼 잘되지 않고 기분이 상할 수 있는 상황들을 자주 마주하게 된다. 대표적인 예가 경기에 출전하지 못하는 경우다. 선수가 모든 경기에 출전하면 더할 나위 없이 좋겠지만 그렇지 못할 때가 더 많다. 좋지 못한 상황에서 선수는 자신의 감정을 드러내지 않고 숨길 수 있어야 한다. 나아가 정해진 팀 스케줄을 성실하게 소화할 수 있어야 한다. 필자 역시 선수 시절에 감정을 잘 관리하지 못했고 은퇴 후에 많은 후회를 했다. 당시 이러한 조언을 해줄 수 있는 사람이 없었고 그 중요성도 크게 인식하지 못했다.

대부분의 선수들은 좋지 못한 상황을 마주하면 자신의 감정을 고스란히 드러낸다. 예를 들어 기분이 나쁘거나 화가 난 표정, 팀의 규범을 잘 지키지 않거나 팀 훈련을 열심히 하지 않는 행동 등을 보인다. 나아가 선수는 누군가가 자신의 감정을 알아봐 주길 바란다. 하지만 팀의 코칭스태프는 선수의 감정이 좋지 않다는 것을 누구보다 잘 알고 있으며, 이후 선수의 태도를 유심히 지켜보고 있다. A 지도자는 "선수가 감정이 상할 수 있는 상황에서 긍정적인 태도를 보이게 되면 저도 사람이기 때문에 미안한 마음을 갖게 되고 기회를 주기 위해 노력하게 된다."라고 이야기한다. 선수들은 이 말을 꼭 기억해야 한다. 자신의 감정을 잘 관리하지 못하면 문제가 발생하고 이는 선수의 평판으로 직결된다.

둘째, 선수가 지도자의 코칭을 믿고 신뢰하는 것이다. 선수가 지도자의 코칭을 믿고 신뢰하면 팀 훈련이나 경기 상황에서의 전술 지도 등을 빠르게 수용하고 적극 실천하게 된다. 하지만 최근 스포츠 현장에는 지도자의 코칭을 신뢰하지 않고 수용하지 않는 선수의 사례가 증가하고 있다. 최근 B 지도자가 경험한 사례가 흥미롭다. 지도자가 전달한 내용을 선수가 경기 중에 실천하지 않아서 개인 상담을 진행했다. 선수는 상담 중에 "자신은 경기에 열심히 참여했지만 전술전략이 적절치 않아서 좋은 경기를 할 수 없었다."라고 말했다. 물론 스포츠 현장엔 아직도 이해하기 어려운 지도자가 존재한다. 하지만 선수는 어떠한 상황에서도 지도자의 코칭을 수용하고 적극 실천해야 한다. 선수가 지도자의 코칭을 수용하지 않으면 서로 간에 신뢰가 무너지게 된다. 이는 선수가 올바른 성장을 도모하는 데 걸림돌로 작용한다.

셋째, 선수가 팀을 위해 리더십을 발휘하는 것이다. 훌륭한 팀에는 리더십을 발휘하는 선수가 꼭 있기 마련이다. 예를 들면 팀이 어려울 때 선수들을 올바른 방향으로 이끌고 분위기를 만드는 것, 팀 훈련을 할 때 타의 모범이 되는 것, 경기장에서 동료를 챙기고 투혼을 발휘하는 것, 말보다 행동으로 먼저 보여주는 것 등이 있다. 이러한 선수들은 대부분 팀의 주장이나 고참 선수가 많으며 오랫동안 선수 생활을 이어간다는 특징이 있다. 지도자들은 스포츠 현장에 감정을 관리하지 못하는 선수와 지도자의 코칭을 수용하지 않는 선수들은 많지만, 리더십을 발휘하는 선수는 좀처럼 찾기 어렵다고 말한다. 선수들은 이 말 속에서 답을 찾아야 한다. 지도자들은 리더십을 발휘하는 선수들을 상당히 선호하고 필요로 한다는 것을 반드시 기억하자.

스포츠 현장에서 올바른 태도의 모범사례가 될 수 있는 선수로는 한석종(수원삼성)이 있다. 그는 지난해 '하나원큐 K리그1 2023' 11라운드 인천전에 첫 출전하여 안정된 경기력을 보여주며 팀의 시즌 첫 승을 이끌었다. 하지만 그는 이번 경기에 출전하기 전까지 힘든 시간을 보내야 했다. 약 200일가량 경기에 출전하지 못했고 팀 훈련만 소화해야 했다. 언론과 인터뷰에서 그는 "많이 기다리면서 준비했다. 한 번만 경기를 뛸 수 있다면 정말 열심히 하려고 했다."라고 말할 정도로 간절했다. 또한 한 선수는 힘든 시간

한석종 선수 (출처 : FA photos)

을 보낼 때 자신의 감정을 철저하게 다스리며 시간을 흘려보냈고, 조급한 마음이 생기게 되면 다양한 심리기술 전략을 활용하여 마음과 생각을 가다듬었다.”라고 말했다. 선수가 200일가량 경기에 출전하지 못하고 있는 상황에서 자신의 감정을 다스리는 것은 매우 어려운 일이다.

이세진(경주한수원WFC) 역시 모범사례로 꼽을 수 있다. 이 선수는 베테랑으로서 실력도 우수하지만 리더십 또한 상당히 뛰어나다. 경기에 출전하면 살신성인을 바탕으로 팀 선수들을 다독이고 중심을 잡아주며 ‘언성 히어로’의 역할을 수행한다. 반대로 경기에 출전하지 못하면 경기 전이나 하프타임 시기에 선수들에게 도움이 되는 말이나 격려를 통해 팀에 긍정 에너지를 전달한다. 그는 "제가 몸담고 있는 팀이 좋은 결과를 얻었으면 하는 마음이 크기 때문에 팀에 도움이 되는 행동들을 실천하게 되는 것 같아요."라고 말했다. 경주한수원WFC 이주섭 수석코치는 "(이)세진이가 훈련과 경기에서 보여주는 태도는 우리 팀의 기준이 될 정도로 타의 모범이 되고 있어요."라고 말한다. 그

이세진 선수 (출처 : 경주한수원 축구단)

가 왜 선수 생활을 오랫동안 할 수 있고 지도자들이 리더십을 발휘하는 선수를 왜 선호하는지를 엿볼 수 있는 대목이다.

스포츠 선수는 오랫동안 꽃을 피우기 위해 지도자가 원하는 올바른 태도를 발휘할 수 있어야 한다. 올바른 태도는 스포츠 선수의 빠른 성장을 돕고 적응력을 키워주며 사회성 확장을 통해 오랫동안 선수 생활을 하는 데 큰 도움을 준다.

좋은 환경에서 훌륭한 선수가 자란다

좋은 토양에서 자란 채소는 싱싱하고 맛이 좋을 수밖에 없다. 지도자는 자신의 팀 선수들에게 좋은 환경(토양)을 만들어 주어야 한다. 그래야 훌륭한 선수(채소)로 키워낼 수 있다.

유소년 시기에 좋은 지도자는 어떤 모습일까? 여러 가지 유형의 지도자가 있지만 딱 한 가지로 정의하기엔 다소 어려움이 있다. 우리는 기본적으로 지도자가 선수들에게 수준 높은 코칭을 전달하고 효과적인 훈련 프로그램을 제공하면 좋은 지도자라고 말한다. 필자도 공감한다. 하지만 유소년 선수들에게 조금 더 현실적으로 도움을 줄 수 있는 지도자는 또 다르지 않을까? 궁금한 마음에 결국 주변 지인들에게 자문을 구했다. 그 결과 좋은 사례를 만나게 됐다. 주인공은 서울 풋볼A U18 축구팀을 맡고 있는 지도자들이다.

서울 풋볼A U18 축구팀은 지난해 창단한 고등학교 신생팀이다. 서울 노원구 월계동에 위치해 있다. 황진성 감독을 비롯해 이슬기, 김동석 코치가 팀을 이끌고 있다. 선수들은 대부분 고등학교 1학년 선수들로 구성되어 있다. 황 감독은 K리그에서 화려한 테크닉과 정확한 왼발을 통해 수많은 업적을 남겼다. 포항스틸러스 명예의 전당에 헌액될 정도로 많은 사랑을 받았던 축구인이기도 하다. 이 코치는 다수의 K리그 팀에서 활약한 데 이어 서울 이랜드 스카우터, 강원FC 코치로 활동하며 축구계에 학구파로 알려져 있다. 김 코치는 연령별 대표팀과 A 대표팀에 선발될 정도로 엘리트 코스를 밟았다. 다수의 K리그 팀에서 활약하며 스마트한 축구를 수행했던 인물이다.

이들이 유소년 선수들을 지도할 때 가장 중요하게 생각하는 것은 무엇일까. 바로 팀 선수들에게 좋은 환경을 만들어 주는 것이다. 실제로 서울 풋볼A U18 축구팀은 프로 산하 팀과 비교해도 손색이 없을 정도로 환경이 우수하다. 예를 들면 클럽하우스 안에 사무실, 미팅룸, 라커룸, 식당, 샤워실, 재활센터, 컨디셔닝 룸 등이 있다. 팀 훈련장도 클럽하우스 옆에 위치하고 있다. 이들이 얼마나 환경을 중요하게 생각하는지를 확인할 수 있는 대목이다. 황 감독은 "선수들의 이동거리를 최소화하여 피로도를 낮출 수 있는

장점이 있으며 무엇보다 축구에 온전히 집중하는 데 큰 도움이 된
다."라고 말했다.

서울 풋볼A U18 축구팀의 경기를 관전하면 좋은 환경의 기준
이 조금 더 넓어지게 된다. 이들은 지난해 주말리그에서 두 살 더
많은 형들과 경기를 하며 신체적·기술적 열세를 경험했다. 하지
만 이들의 경기 스타일을 확인하면 꽤 흥미롭다. 16.5m 큰 박스
안에 2명의 수비수가 들어가서 골키퍼와 빌드업을 시작한다. 특
별한 상황이 아닌 이상 이들은 패스를 통한 볼 소유 축구를 지향
한다. 특히 유기적인 움직임을 통한 연계 플레이와 도전 정신이
인상적이다. 고등학교 축구팀이 볼을 소유하는 축구를 하는 것은
결코 쉬운 일이 아니다. 고등학교 시기는 팀 성적으로 대학 진학
이 결정되기 때문에 대부분 직선적이고 선이 굵은 축구를 시도하

서울 풋볼A U18 선수들 (출처 : 서울 풋볼A U18)

는 경우가 많다.

황 감독은 "선수 시절에 패스를 통해 볼을 오랫동안 만지면 참 재미있었어요. 제가 느낀 이 재미를 선수들에게 꼭 알려주고 싶어요."라고 말했다. 이 코치는 "볼을 소유하는 축구는 상대를 이기기 위해 하는 것이고, 이를 통해 승리하는 방법을 알려주고 싶어요.", 김 코치는 "패스를 통한 볼 소유 축구는 서로 소통하고 생각하지 않으면 절대 할 수 없다고 생각해요. 유소년 시기에는 이러한 축구를 배우고 익혀야 해요. 카운터 어택이나 킥에 의한 축구는 언제든지 할 수 있어요."라고 전한다. 이들이 지향하는 볼 소유 축구는 선수 시절에 얻은 경험들을 근거로 했다.

벤치에서 이들의 코칭 행동을 확인하면 조금 더 흥미롭다. 황 감독은 특별한 상황이 아닌 이상 차분하게 팀 선수들의 경기를 지켜보며 박수를 쳐준다. 이 코치는 앉아 있는 시간보다 서 있는 시간이 더 많다. 선수들에게 필요한 코칭을 수시로 전달한다. 마지막 김 코치는 어려운 상황이나 힘들어 하는 선수들을 독려하고 챙기며 팀 분위기를 끌어올린다. 좋은 장면이 나오면 선수들에게 아낌없이 '엄지 척'을 보내준다. 반대로 많은 실점으로 인해 의기소침해 하면 강한 파이팅으로 분발을 요구한다. 이들의 코칭 행동 중 상당히 흥미로운 것이 있다. 그것은 팀 선수들이 실수를 했을 때 화를 내지 않고 따뜻한 격려를 해주는 것이다.

황 감독은 "선수 본인이 실수한 것을 더 잘 알고 있고 다음 플레이를 할 때 도움을 주려면 긍정적인 코칭을 해주어야 한다고 생각해요."라고 밝혔다. 이 코치는 "선수 시절에 부정적인 코칭을 많이 받아 봤어요. 근데 경기를 하는 데 전혀 도움이 되지 않았어요.", 김 코치는 "지도자가 부정적인 코칭을 하거나 화를 내게 되면 선수들의 플레이가 위축된다는 것을 알고 있어요."라고 말했다. 이들의 행동을 분석해 보면 긍정적인 코칭 행동을 팀 선수들에게 발휘한다는 것을 알 수 있다. 물론 현실적으로 지도자가 항상 긍정적인 코칭 행동만 발휘할 수 없다. 긍정적인 코칭 행동이 무조건 좋다고 보기도 어렵다. 하지만 이를 통해 선수들이 자기주도적으로 축구를 할 수 있도록 이끈다는 점은 큰 의미가 있다.

이들이 생각하는 좋은 환경은 이것으로 끝일까? 그렇지 않다. 조금 더 큰 틀에서 좋은 환경의 기준을 잡고 있었다. 다양한 스포츠과학을 적용한 것 역시 비슷한 맥락이다. 예를 들면 피지컬, 재활, 경기 분석, 심리, 뇌지컬 등이 포함돼 있다. 황 감독은 "선수 시절에 스포츠과학의 도움을 받지 못한 아쉬움이 있어요. 우리 선수들에게는 이러한 도움과 지원을 받을 수 있게 해주고 싶었어요."라고 말한다. 국내 유소년 팀 중 이 정도 수준의 스포츠과학을 적용시키는 팀은 찾아보기 힘들다.

피지컬 트레이닝은 클럽하우스 내 센터에서 선수들을 관리한다. 매주 월요일 팀 훈련은 모두 피지컬 훈련으로 채워지며, 여러 명의 피지컬 코치들이 팀 훈련장과 컨디셔닝 룸에서 피지컬 훈련을 진행한다. 재활이 필요한 선수들도 이들이 관리해 성공적인 복귀를 돕고 있다. 지도자가 특정한 요일을 설정하여 모든 훈련을 피지컬 훈련으로 채우는 일은 스포츠과학의 중요성을 인지하고 있기 때문에 가능하다. 이 코치는 "축구에서 피지컬 능력은 매우 중요해요. 그래서 전문가의 도움을 통해 정확한 정보와 훈련을 시켜주고 싶었어요. 이제 목적 없이 뛰는 훈련은 더 이상 선수들에게 시키고 싶지 않아요."라고 말했다.

경기 분석을 위해 이들은 팀 훈련장에 카메라를 설치하여 훈련과 경기를 지속적으로 모니터링하며 분석한다. 유소년 팀 중 팀 훈련장에 카메라를 설치한 팀 또한 서울 풋볼A U18 축구팀이 유일하다. 이들은 경기 분석의 영향으로 인해 코칭을 하기 전에 많은 생각을 하게 된다고 말한다. 경기 분석을 하면 자신의 생각

서울 풋볼A U18 선수단 (출처 : 서울 풋볼A U18)

과 다를 때가 종종 발생하기 때문이다. 다른 한편으로는 경기 분석을 통해 팀에 필요한 훈련을 정확하게 설정할 수 있다. 선수들은 자신의 영상을 실시간으로 확인할 수 있어서 큰 도움이 된다고 말한다.

심리 교육은 한 달에 1~2회 정도 진행되고 있다. 심리 교육은 팀 선수들이 훈련이나 경기 상황에서 활용할 수 있는 심리기술 전략을 가르치고, 이를 활용할 수 있도록 돕고 있다. 개인 상담에서부터 심리 측정 분석, 운동부 생활 질문지 측정을 통한 심리적인 도움까지 방식도 다양하다. 심리 교육을 진행할 때마다 놀라운 점이 있다. 그것은 이들이 선수들과 같이 참여한다는 것이다. 이들은 심리 교육에서 배운 내용을 토대로 훈련과 경기 상황에서 멘탈 코칭을 발휘한다. 예를 들면 팀 응집력, 불안 관리, PP 이미지 활용, 실수극복 루틴 등이다. 심리 교육에 대한 효과는 지도자의 수용 능력과 활용 수준에 의해 결정된다.

뇌지컬 트레이닝은 일주일에 한 번씩 클럽하우스 내 미팅룸에서 진행된다. 뇌지컬은 아직 생소할 수 있지만 독일이나 유럽 국가에선 자주 활용되는 훈련이다. 뇌지컬 훈련 방법은 시야, 판단, 민첩 훈련 프로그램을 통해 선수들의 상황인식 능력을 향상시키는데 목적과 목표를 가지고 있다. 반응도 좋다. 이 뇌지컬 훈련에 대한 재미와 흥미를 가지고 있으며 큰 도움이 된다고 응답한 선수들이 상당히 많다. 김 코치는 "선수 시절에 스포츠과학이 엄청 중요하고 축구에 많은 영향을 미친다는 것을 너무 많이 느꼈어요. 이러한 것을 유소년 시기에 경험하고 느끼며 깨닫게 된다면 정말 좋은 선수로 성장할 수 있다고 생각해요." 라고 말했다.

서울 풋볼A U18 축구팀 지도자들의 사례는 좋은 지도자의 기준이 될 만한 좋은 사례라고 생각된다. 나아가 좋은 환경의 기준을 조금 더 큰 틀에서 바라보고 인식해야 한다는 것도 알게 됐다. 개인적인 바람이 있다면 현재의 좋은 환경을 잘 유지해서 많은 선수들이 머무르고 싶은 팀으로 발전하고 좋은 사례에서 성공 사례로 변화되길 소망한다.

※ 서울 풋볼A U18 축구팀은 2023년 11월 03일 서울YC목동 U18 축구팀을 상대로 3대 1로 승리하며, 창단 첫 리그 승리를 달성했다. 김동석 코치는 2023 시즌을 끝으로 서울이랜드 U15 감독을 맡게 되면서 아쉬운 이별을 했다.

휴식기, 지도자가 팀 빌딩으로
'원 팀' 만들 기회

휴식기에 지도자는 팀을 재정비하기 위해 기술적인 부분과 체력적인 부분에 집중하게 된다. 기술적인 부분은 전력분석 코치의 분석과 맞춤형 팀 훈련 프로그램을 통해 전술전략을 수정·보완한다. 체력적인 부분은 피지컬 코치의 주기화 원리를 통해 운동강도와 빈도를 조절하여 팀 선수들의 체력을 관리하게 된다. 하지만 휴식기에 팀을 효과적으로 재정비하기 위해서는 추가적으로 멘탈적인 부분도 함께 보완해야 한다.

지도자는 팀 빌딩(Team Building) 활동을 통해 선수들의 마음과 생각을 하나로 묶을 수 있어야 한다. 팀 빌딩은 팀에 도움이 되는 요인은 더 강화시키고 팀에 도움이 되지 않는 요인은 감소시켜 팀다운 팀, 신뢰할 수 있는 팀을 만드는 방법이며 궁극적으로 팀 응집

위르겐 클롭 감독(리버풀) (출처 : Alamy)

력 향상을 목표로 하고 있다^(이상우, 2019).

전지훈련 기간에는 지도자와 팀 선수들이 전원 합숙을 진행하기 때문에 저녁 시간에 팀 미팅을 자유롭게 진행할 수 있다. 이 시기에 지도자는 팀 선수들과 많은 대화를 진행하여 필요한 정보를 교환하고 팀을 긍정적인 방향으로 이끌 수 있어야 한다. 또한 지도자는 팀 선수들이 자신의 생각과 감정을 솔직하게 표현할 수 있도록 편안한 분위기를 만들어주어야 한다. 이는 지도자가 팀 빌딩 활동을 진행하는 데 매우 중요한 포인트가 된다.

지도자가 활용할 수 있는 팀 빌딩 활동은 다음과 같다.

첫 번째, 지도자가 추구하는 축구를 정확하게 공유하는 것이다. 지도자는 팀 선수들에게 자신이 추구하는 축구를 정확하게 설명하고 팀 선수들의 의견을 수렴하여 수정·보완할 수 있어야 한다. 예를 들어 경기 상황에서 위치 선정, 압박 타이밍, 경기 운영 방법에서 지도자와 선수들 간에 입장 차이가 자주 발생하게 되는데 이때 서로에 대한 생각을 과감하게 공유하고 수용하여 팀이 나아가야 할 방향을 확실하게 설정해야 한다.

지도자가 추구하는 축구를 팀 선수들이 정확하게 이해하지 못하면 경기 상황에서 정확한 판단과 결정을 내리는 데 많은 어려움을 겪게 되고 이는 팀 경기력 감소로 이어지게 된다. 하지만 지도자와 팀 선수들이 생각하는 축구가 일치하면 서로에 대한 신뢰와 믿음이 향상되고 과제 응집력과 팀에 대한 소속감을 높일 수 있으며 궁극적으로 팀 경기력에 긍정적인 영향을 줄 수 있다.

둘째, 지도자는 심리적으로 어려움을 겪는 선수들을 관리할 수 있어야 한다. 휴식기가 되면 전반기에 많은 경기에 참여하지 못한 선수들의 사회적 태만과 불평·불만이 증가한다. 이로 인해 지도자에 대한 신뢰와 믿음이 감소하게 되는데, 이때 지도자는 선수와 개인 면담을 진행하여 허심탄회한 대화를 나눌 필요가 있다. 예를 들어 경기 미출전에 대한 이유, 경기에 참여하기 위해 필요한 태도와 자세, 선수 개인의 역할과 임무에 대한 피드백을 전달해 줄 수 있어야 한다. 이러한 과정은 선수 개인의 동기와 분발 의욕을 향상시키고 팀 경기력을 높이는 데 큰 도움이 된다.

셋째, 지도자는 모험 활동형 팀 빌딩(Bruner, Carreau, McLaren, & Van

Woezik, 2020) 활동을 통해 팀 정신을 강화 시킬 수 있어야 한다. 지도자는 팀 선수들이 다 같이 참여하고 체험할 수 있는 다양한 활동을 기획하여 팀 정신과 팀 선수들의 친밀도를 향상시켜야 한다. 예를 들어 팀 선수들이 다 같이 등산 또는 워터파크를 가거나 팀 자체적으로 볼링이나 탁구 대회를 유치하는 것 등이다. 중요한 경기를 앞두고 있거나 체력적으로 어려움을 겪는 리그 후반기에 활용하면 짧은 시간 안에 팀을 결집시키고 팀 경기력에 긍정적인 영향을 줄 수 있다.

지도자는 스포츠 심리전문가가 아니기 때문에 팀 빌딩 활동을 진행하는 데 많은 어려움이 있을 수 있다. 하지만 지도자는 팀 선수들의 마음과 생각을 잘 관리해야 자신이 추구하는 축구를 그라운드에서 펼칠 수 있기 때문에 팀 빌딩 활동을 고민하고 활용해야 한다. 그래야 신뢰할 수 있는 팀을 만들고 유지할 수 있다.

K리그 승강플레이오프를 준비하는
지도자에게

    K리그 승강 플레이오프를 준비하는 지도자는 경기 결과에 따라 영웅이 될 수도 있고, 심할 경우 책임을 떠안고 팀을 떠나야 할 수도 있다. 이처럼 승강 플레이오프를 준비하는 지도자는 엄청난 압박감과 부담감을 마주하게 된다. 특히, 팀을 잔류시켜야 하는 K리그1 지도자는 더 큰 심리적 어려움을 겪게 된다. 하지만 이는 피할 수 없는 숙명이다. 지도자는 냉철한 판단과 결정을 통해 팀을 긍정적인 방향으로 이끌어야 한다. 예를 들면 팀 선수들의 마음을 움직이고 팀을 하나로 결집시켜야 한다.

    만약 지도자가 승강 플레이오프 당일 선수 대기실에서 선수들의 집중력과 투혼을 이끌어 내려고 한다면 이는 결코 쉽지 않을 것이다. 승리를 준비하는 지도자라면 승강 플레이오프를 준비하는 과정에서부터 멘탈적인 전략을 계획하고 실천하여 신뢰할 수 있는 팀으로 변화시켜야 한다. 그래야 승강 플레이오프에서 후회 없는 경기를 펼칠 수 있게 된다.

지도자의 멘탈적인 전략이 승강 플레이오프에서 왜 필요할까? 그 이유는 시즌 종료 시기에 발생하는 시기적 특수성이 있기 때문이다. 이 시기는 한 시즌 동안 선수들이 많은 경기를 소화하여 체력적으로 어려움을 겪는 시기이며 이로 인해 많은 훈련을 할 수 없게 된다. 다양한 요인(재계약, 이적, 사회적 태만)으로 인해 선수들의 감정 변화가 가장 크고 많이 흔들리는 시기이기도 하다. 또한 양 팀 모두 서로를 잘 알고 경기를 준비하기 때문에 멘탈적인 전략의 중요성은 더욱 특별해진다. 이러한 시기적인 특수성은 승강 플레이오프를 앞두고 불안 요소가 될 수 있으며 지도자는 자신만의 멘탈 전략을 통해 불안 요소를 감소시켜야 한다.

승강 플레이오프를 준비하는 지도자에게 추천할 수 있는 멘탈적인 전략은 이렇다.

첫째, 자신의 정신 건강을 잘 관리해야 한다. 지도자가 중요한 경기를 앞두게 되면 평상시와 다르게 더 예민해지고 날카로워지게 된다. 이러한 지도자의 감정적 변화는 코칭스태프 또는 선수와의 트러블을 유발하고 정신 건강에 부정적인 영향을 주게 된다. 지도자의 정신이 건강하지 않으면 중요한 경기를 앞두고 좋은 전술전략을 계획하고 준비하는 데 어려움이 발생하게 되고 이는 결국 팀 경기력으로 이어지게 된다. 지도자는 중요한 경기이고 꼭 승리해야 하는 경기일수록 자신의 정신 건강을 의도적으로 관리해야 한다. 여기서 말하는 지도자의 정신이 건강한 것은 맑은 정신, 기분이 좋고 차분한 상태를 의미한다.

실제로 스포츠 현장에서 지도자가 자신의 정신 건강을 관리하기 위해 실천하는 방법으로는 분위기 좋은 카페에서 지인과 차 마시기, 사우나에서 시간 보내기, 음악을 들으며 산책하기, 코칭 스태프와 맛집 가기, 평상시보다 수면 시간을 늘리기, 자신의 방에서 영화 보기 등이 있다. K리그에서 활동하는 A 지도자는 "정신이 건강해야 긍정적인 행동을 발휘할 수 있는 것 같아요. 팀 선수들에게도 긍정적인 영향을 줄 수 있어요."라고 말한다. 지도자가 자신의 정신 건강을 스스로 관리하는 것도 실력이며, 이는 팀 경기력에 긍정적인 영향을 주게 된다.

둘째, 팀 스케줄에 모험 활동형 팀 빌딩 활동을 추가하여 실천하는 것이다. 팀 빌딩 활동은 신뢰할 수 있는 팀을 만드는 활동이며 리버풀의 위르겐 클롭 감독이 자주 활용하는 전략 중 하나이다. 실제로 18-19 UEFA 챔피언스리그 결승전을 앞두고 클롭 감독은 훈련 캠프에서 팀 훈련보다 단체로 자전거 타기, 탁구 치기 등의 팀 빌딩 활동에 집중했고, 결승에서 토트넘을 꺾고 우승을 차지했다. 당시 클롭 감독은 팀 훈련보다 팀 선수들의 지친 몸과 마음을 회복하는 것을 더 중요하게 생각했다는 것을 알 수 있다.

승강 플레이오프를 앞두고 체력적으로 어려움을 겪는 선수들에게 많은 훈련을 시킨다고 해서 팀 경기력이 향상되기에는 다소 어려움이 있다. 지도자는 팀 선수들의 응집력과 소속감을 높이기 위해 팀 빌딩 활동을 과감하게 실천할 필요가 있다. 추천할 수 있는 팀 빌딩 활동으로는 의미 있는 영화 보기, 탁구 치기, 볼링 치기, 자전거 타기, 가벼운 등산하기 등을 말할 수 있으며 코칭스태프와 선수단이 단체로 참여하는 것이 좋다.

셋째, 결과 목표를 내려놓고 과정 목표에 집중해야 한다(Weinberg, 2010). 중요한 경기에 가까워질수록 지도자는 결과 목표에 더 집중하게 된다. 예를 들면 승리, 득점, 무실점, 좋은 경기력 등이 있다. 하지만 이기는 방법을 아는 명장들은 이러한 함정에 빠지지 않는다. 이기고 싶고 지고 싶지 않을수록 더 결과를 내려놓고 과정 목표에 집중한다. 여기서 말하는 과정 목표는 승강 플레이오프에서 실천해야 하는 지도자의 역할 임무를 의미한다. 예를 들면 지도자가 다양한 상황에서의 전술적 변화, 선수 교체, 경우의 수에 대한 대처방안을 더 명확하게 계획하고 실천하며 집중하는 것 등이다.

세부적으로 지도자는 팀 미팅을 통해 다양한 상황에서의 전술 전략적 계획을 팀 선수들과 공유해야 한다. 이때 구체적으로 내용을 공유해야 하며 상황에 따라 팀 선수들의 의견도 수렴하여 수정·보완하는 과정도 필요하다. 또한 팀에 중요한 역할을 담당하는 선수에게는 개별 미팅을 통해 경기에서 실천할 과제를 세밀하

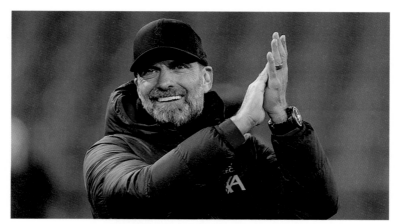

위르겐 클롭 감독(리버풀) (출처 : Alamy)

게 공유해 주어야 한다. 예를 들면 상대 팀 공격수의 장점과 대처 방법, 상대 팀 빌드업 과정에서의 압박 방법 등이 있다. 추가적으로 경기에 참여하는 선수 중 심리적으로 어려움이 있는 경우, 개별 면담을 진행하여 선수의 마음을 단단하게 만들어 주고 동기 수준을 높여 주어야 한다. 이때 개별 면담은 팀의 코치보다 감독이 직접 진행할 것을 권장한다.

　세계적인 명장으로 꼽히는 리버풀의 클롭 감독은 "전술전략만으로는 경기에서 승리하기 어려우며 감정이 차이를 만든다."라고 이야기했다. 승강 플레이오프를 준비하는 지도자는 이 말을 꼭 기억해야 한다. 시기적인 특수성을 극복하고 팀을 하나로 결집시켜야 한다. 그래야 승리할 수 있다.

지도자가 번아웃을
스스로 예방하는 것도 실력이다

지도자에게 결과는 숙명이다. 지도자들은 높은 수준의 육체적·정신적 에너지 소비를 통해 승리를 준비하지만 마음처럼 결과를 만들기가 쉽지 않다. 올해로 지도자 활동이 10년째가 된 A 지도자는 "결과에 대한 부담감으로 인해 매 경기마다 속이 타 들어가요. 경기에서 선수들이 준비한 것을 잘 발휘하고 팀이 승리하면 엄청난 성취감을 느끼게 되지만, 이러한 성취감은 오래가지 않는 것 같아요."라고 말한다. 오히려 이후 "공허함, 외로움, 허탈감 등의 다양한 감정을 더 오랫동안 느끼게 돼요."라고 덧붙였다.

지도자의 번아웃(Burnout)의 원인은 과업무를 통해 높아진 신체 피로도, 다양한 원인으로 발생하는 높은 스트레스, 노력에 대한 보상이 주어지지 않을 때 발생한다고 말한다. 추가적으로 여성 지도자이거나 사회적 지지가 낮을 때, 지도자의 대처자원이 부족할 때 번아웃에 더 많은 영향을 받게 된다_(김병준, 2021). 또한 번아웃 전에 스테일네스(Staleness)를 먼저 경험하게 된다. 이는 맥이 빠지는 상태를 말하며 충분한 휴식을 취하지 못했을 때 나타나는 증상이다. 지도자가 주말에 리그 경기를 마치고 나서 자주 경험하게 된다.

지도자가 번아웃을 사전에 예방하기 위해서는 다음과 같은 행동이 필요하다.

첫째, 수행 저하 시기를 사전에 미리 체크한다. 스포츠 종목마다 차이가 있지만 동계훈련 기간이나 리그 및 대회가 연이어 진행되는 시기가 있다. 이 시기에는 아무래도 지도자의 육체적·정신적 에너지 소비 수준이 높아지게 되고 이로 인해 높은 신체 피로도와 정신적 스트레스를 경험하게 된다.

지도자가 수행 저하 시기를 사전에 미리 체크하면 작고 사소한 것에 더 집중하게 되고 이는 자기관리 향상으로 이어지게 된다. 예를 들면 수면 시간을 조금 더 늘리거나 영양가 높은 음식을 더 많이 섭취하기, 기분 전환이 되는 음악을 들으며 산책을 하거나 반신욕 하기 등이 있다. 이처럼 통제 가능한 행동을 통해 번아웃 전에 발생하는 스테일네스를 예방하고 대처할 수 있게 된다.

둘째, 틈틈이 휴식을 계획하고 실천한다. 지도자는 바쁜 스케줄 속에 휴식을 계획할 수 있어야 하며 이는 힘듦을 이겨내는데 큰

조제 무리뉴 감독(AS로마) (출처 : Alamy)

도움을 주게 된다. 예를 들면 지방으로 훈련을 가거나 대회에 참
가할 때 주변 맛집을 검색하여 맛집 탐방하기, 분위기 좋은 카페
에서 시간 보내기, 마음이 잘 통하는 지인과 대화하기 등이 있다.
추가적으로 종목마다 정해져 있는 비시즌 시기에 해외나 국내로
여행을 계획하고 다녀오는 것도 좋은 예가 될 수 있다.

　A 지도자는 "훈련이나 대회가 진행되는 도시에 맛집이나 가
볼 만한 곳을 노트에 기록하고 실천한다."라고 한다. 이러한 행
동들을 높은 신체 피로도와 정신적 스트레스를 낮추는 데 긍정적
인 영향을 줄 수 있다.

셋째, 몸과 마음을 회복할 수 있는 라이프 스킬을 만들고 실천한다. 지도자 활동과 삶을 확실하게 구분하고 지도자 활동을 잠시 잊을 수 있는 삶을 추구해야 한다. 특히, 라이프 스킬을 통해 몸과 마음을 빠르게 회복한 뒤 다시 지도자 활동을 이어가는 것이 매우 중요하다. 대부분의 지도자는 시간을 현명하게 활용하지 못하거나 술이나 담배에 의존하는 경우가 많은데 이는 몸과 마음을 회복하는 데 도움을 주지 못한다.

A 지도자는 시합이 종료되면 결과에 상관없이 가족들과 캠핑을 떠난다. 이를 통해 "지도자 활동을 잠시 잊을 수 있고 가족들과 시간을 보내면서 빠르게 심리적 안정을 찾을 수 있게 된다."고 이야기한다. 추천할 수 있는 라이프 스킬로는 다양한 동호회 활동 참여가 있다. 이를 통해 자신의 직업과 무방하고 다양한 직종의 사람들과 의사소통을 하면서 긍정적인 에너지를 얻을 수 있게 된다.

넷째, 지도자는 자기관리 목적으로 상담을 받아야 한다. 우리나라 정서상 상담을 받는다고 하면 어딘가 문제가 있어서 상담을 받는다고 생각하는 경우가 아주 많다. 하지만 이제는 인식의 전환이 필요하다. 지도자도 선수와 동일하게 마음과 생각의 중심을 잡을 수 있도록 상담을 받아야 하고 심리기술 전략을 적극 활용해야 한다.

실제로 지도자와 상담을 진행하면 오랜 시간 동안 지도자가 이야기를 하게 되는 경우가 많은데, 이를 통해 자신의 속마음을 누군가에게 털어놓지 못하는 환경과 어려움이 있고 상담이 절실히 필요하다는 것을 확인할 수 있다. 최근 지도자 상담은 주변 시선에 대한 어려움으로 인해 대면 상담보다 비대면(화상) 상담이나 전화 상담이 더 활발하게 진행되고 있다.

지도자라면 번아웃을 스스로 예방하고 효과적으로 대처할 수 있어야 한다. 그래야 자신의 역량을 유감없이 펼칠 수 있기 때문이다.

심판도 멘탈 관리가 필요하다

언제부턴가 스포츠 경기를 보게 되면 심판을 유심히 지켜보게 된다. 이들이 경기 전에 어떻게 몸을 풀고 어떻게 경기를 운영하는지를 지켜보면서 이들의 입장에서 한번 더 생각하게 된다. 얼마 전까지만 해도 심판에게 멘탈적인 준비와 관리가 필요할 거라고는 전혀 생각지도 못했다. 하지만 최근 여러 명의 심판과 심리상담을 진행하면서 생각이 많이 달라졌다. 이들도 높은 수준의 경기를 진행하기 위해 수행 향상을 목표로 하고 심리적인 어려움을 겪는다는 것을 확인했다.

필드 위의 심판은 외롭고 고독하다. 물론 지도자나 선수도 외롭고 고독하지만 이들은 조금 다르다. 스포츠 경기에서 지도자나

K리그 심판 (출처 : FA photos)

선수는 많은 팬들에게 관심과 응원을 받게 되지만 심판은 그렇지 않다. 오히려 지도자와 선수에게는 항의, 팬들에게 야유를 더 많이 받게 된다. 상황에 따라 심한 욕설과 SNS 공격을 받기도 하며, 심할 경우 가족에게 피해가 미치기도 한다. A 심판은 "다른 것들은 다 이겨낼 수 있어도 가족을 욕하는 것은 정말 참기 힘들어요. 이럴 때마다 직업에 대한 회의감을 느껴요."라고 말한다. 이러한 어려움은 심판이 상위리그로 올라갈수록 더욱더 심해진다. 프로 스포츠는 승패가 중요하고 대중의 관심도가 높기 때문이다.

스포츠 경기에서 나오지 말아야 할 것이 있다. 그것은 바로 심판의 오심이다. 오심은 스포츠 팀이나 선수의 경기 결과에 결정적인 역할을 하기 때문에 치명적으로 작용할 수 있다. 스포츠 선수는 경기 중 실수를 하더라도 다시 만회할 기회가 있지만 심판은 그렇지 않다. 또한 경기 종료 후 심판 위원회에서 영상 분석을 통해 오심을 공식적으로 인정하면 심판은 더 큰 심리적 타격을 받게 되고 이를 회복하는 데 오랜 시간이 걸리게 된다. B 심판은 "이전 경기에서 좋지 못한 판정과 평가를 받게 되면 다음 경기에서 자신감을 많이 잃게 되고 심리적으로 흔들리게 돼요."라고 말한다.

심판은 경기를 앞두고 좋은 컨디션을 유지하기 위해 많은 노력과 준비를 한다. 하지만 준비한 수준만큼 좋은 경기를 진행하지 못하면 심리적인 어려움에 직면하게 된다. 대부분 이들은 경기를 앞두고 조깅(저강도, 고강도)과 웨이트 트레이닝을 진행하고, 식단 조절, 수면 관리, 영상 분석을 통해 최상의 컨디션을 유지한다. C 심판은 "준비를 많이 해도 기대 수준만큼 경기를 진행하지 못하면 좌절하게 되고 직업에 대해 고민을 많이 하게 돼요."라고 말한다. 실제로 매년 활동하는 심판의 수가 감소하고 있는 실정이며, 특히, 나이 어린 심판의 중도 포기 사례가 증가하고 있다.

심판직을 중도에 포기하는 사례가 증가하는 이유는 이들의 처우가 안정적이지 않기 때문이다. 종목마다 차이가 있지만 협회나 연맹에서 정해진 급여와 수당을 받으며 활동하는 심판은 극소수에 불과하다. 심판들은 대부분 배정된 경기 수에 따라 수당을 지급받으며 활동한다. 이로 인해 심판들은 심판 이외에 직업을 가지는 경우도 많고, 그 결과 심판 활동에 온전히 집중할 수 없게 되고 정신 건강 회복에도 어려움을 겪게 된다.

심판은 주중 대부분을 경기 준비와 심판 이외의 일을 병행하게 되고 주말에는 배정된 경기에 참여하여 심판 활동을 하게 된다. 여기서 중요한 것은 주말에 경기를 진행하면서 판정에 따른 부정적 자극을 많이 받는다는 것이다. 실제로 많은 심판은 경기 종료 후에 심리적인 어려움을 많이 겪는 것으로 확인됐다. 이는 상위리그에서 활동하는 심판일수록 더욱 심하다. 이러한 심리적인 어려움 때문에 번아웃(Burnout)에 노출되기 쉽고, 안정적인 경기를 진행하는 데 부정적인 영향을 받게 된다.

스포츠 경기에서 심판은 매우 중요한 역할을 담당한다. 이들의 수준 높은 경기 진행은 스포츠 팀과 선수 경기력 향상에 도움을 줄 수 있고, 팬들의 재미와 흥미를 높여 줄 수도 있다. 하지만 심판은 높은 수준의 육체적 에너지 소비와 정신적 스트레스 수준이 높은 직업이며, 많은 시간과 경험을 통해 훌륭한 심판이 양성된다는 것을 알아야 한다. 이제는 우리는 이들에게 공정한 판정을 기대하는 것을 넘어서 이들의 입장에서 한 번 더 생각하고 관심을 가질 필요가 있다. 또한 다양한 종목의 협회나 연맹은 심판이 좋은 환경에서 활동할 수 있도록 대비책을 마련해야 한다. 물론 아직도 스포츠 현장에는 이해하기 힘든 심판들이 존재한다. 하지만 훌륭한 심판이 되기 위해 노력하는 이들이 더 많다는 것을 알아야 한다.

다양한 종목의 협회나 연맹에서 당장 이들의 처우를 개선하는 것은 매우 어려운 일이다. 하지만 이들이 조금 더 높은 수준의 컨디션을 유지하고 경기를 진행할 수 있도록 도움은 줄 수 있다고 생각된다. 추천할 수 있는 대안으로는 다음과 같은 것이 있다.

첫째, 심판이 심리상담을 받을 수 있도록 지원을 해주거나 제도적인 장치를 마련하는 것이다. 특히, 일회성이 아니라 꾸준히 상담받을 수 있는 환경과 시스템을 구축해야 한다. 경기를 준비하는 과정이나 경기 종료 시기에 심리상담은 이들의 심리적인 안정감을 유지시킬 수 있고 정신적인 준비와 회복 능력 향상을 기대할 수 있다. 추가적으로 심판의 경기 진행 능력 향상과 오심을 최소화하는 데 긍정적인 영향을 줄 수 있다.

둘째, 협회나 연맹에서 이들의 생각을 자유롭게 공유할 수 있는 소통의 자리를 꾸준히 마련해주어야 한다. 특히, 지도자, 선수, 팬과 잦은 소통 기회를 마련하여 서로에 대한 생각을 공유하고 확인하는 과정은 매우 중요하다. 소통을 통해 정답을 찾을 수는 없겠지만 좋은 방법이나 대처방안을 모색할 수 있게 된다. 추가적으로 심판의 인식이나 존중에 도움이 될 수 있는 캠페인이나 영상을 제작하는 것도 좋은 방법이 될 수 있다. 한 예로 한 동영상 플랫폼 채널에 출연한 이동준, 정동식 프로 심판(축구)의 영상은 심판에 대한 선입견을 변화시키고 친근감을 높일 수 있는 좋은 사례가 됐다.

이제 심판도 수준 높은 경기를 진행하기 위해서는 멘탈적인 준비와 관리가 필요하다는 것을 알아야 한다. 또한 협회와 연맹은 심판에 대한 관심도를 높이고 좋은 대안을 마련해야 한다. 그래야 우수하고 훌륭한 심판을 꾸준히 양성할 수 있다.

제5부

멘탈이 단단해야
흔들리지 않는다

밑바닥에서 부활한 한석종, 원동력은 'GRIT'

2018년 9월은 박사학위논문 심사 준비로 인해 밤낮없이 논문 작업에 집중하던 시기였다. 당시에는 스포츠 팀과 선수들의 상담 요청도 고사할 정도로 시간이 부족했고, 심신이 많이 지쳐 있는 상황이었다. 하지만 수화기 너머로 들려오는 한 선수의 간절한 목소리가 필자의 마음을 강하게 자극했다. "그럼 인하대학교로 오세요." 그렇게 그와 인연이 시작되었다.

흰칠한 외모와 긴장한 그의 표정, 말투가 아직도 기억에 생생하다. 그는 현재 K리그에서 활약하고 있는 한석종의 이야기다. 그 당시 그는 인천유나이티드 소속으로 전반기에 주전 선수로 활약하지만, 부상을 당해 월드컵 휴식기에 수술과 재활을 진행했다.

하지만 복귀 후 이전만큼의 경기력을 보여주지 못하면서 벤치에서 보내는 시간이 점점 늘어나고 있었다.

"다 내려놓고 처음부터 다시 시작할 수 있나요?"

"네."

그는 상당히 조급해 보였고 현 상황을 빨리 벗어나고 싶어 했다.

필자가 진행하는 심리기술훈련(PST)은 상당히 혹독하고, 스파르타식이다. 그 이유는 스포츠 상황에서 승리와 패배는 그리 간단한 문제가 아니며 치료가 아닌 훈련에 목적을 두고 있기 때문이다. 만약 그가 중간에 포기하거나 간절한 마음, 태도를 보이지 않으면 심리기술훈련을 중단하려고 했다. 하지만 예상과 다르게 그는 상당히 높은 집중력과 적극적인 태도를 바탕으로 간절함을 보여주었다. 또한 매 회기마다 진행되는 다양한 심리기술훈련과 테스트, 과제를 통해 심리기술 전략을 온몸에 장착하기 시작했고 현 상황에서 가장 현명한 판단과 결정을 내리며 몸으로 증명하기 시작했다.

그는 힘든 시간을 슬기롭게 보내면서 심리적으로 안정감을 찾게 되었고 안정된 심리를 바탕으로 차근차근 본인의 정상 컨디션을 회복하며 때를 기다리고 있었다. 교체 10분 출전, 교체 20분 출전 등 예상보다 출전 시간이 부족했지만 그는 전혀 불만을 표현하지 않았고, 주어진 시간 동안 모든 역량을 그라운드에 쏟아붓기 시작했다. 이러한 긍정적인 그의 경기력은 팀 경기력으

한석종 선수 (출처 : FA photos)

로 이어졌고 교체 선수에서 주전 선수로 다시 발돋움하게 된다.
또한 2018년 11월 24일 강등과 잔류가 결정되는 FC서울전에서
전반 8분 만에 결승골을 터뜨렸다. 팀 잔류와 자신의 진가 그리
고 부활을 알렸다.

시즌 종료 후 그는 수많은 K리그 팀에게 이적 제안을 받았지
만, 상주상무(현 김천상무) 군 입대를 결정했고, 제대 후 수원삼성으
로 이적하며 절정의 기량을 발휘하게 된다. 오랜 시간이 지난 지
금 그 당시를 회상하면 한 선수에게 그릿(GRIT)이 있었기 때문에 그
어려운 상황에서 위기를 기회로 변화시킬 수 있었다고 생각된다.
그릿은 성공과 목표를 달성하는 데 결정적 역할을 하는 투지와
용기를 의미하며 성장(Growth), 회복력(Resilience), 내적 동기(Intrinsic

Motivation), 끈기(Tenacity) 등의 4가지의 개념을 가지고 있다(Duckworth, Peterson, Matthews, & Kelly, 2007).

그는 첫 심리상담 당시 "좋은 선수를 넘어 훌륭한 선수가 되려면 강한 멘탈이 꼭 필요하다."고 말했다. 또한 매 회기마다 심리기술훈련에 대한 날카로운 질문이 많았고 부여한 과제 달성 수준도 상당히 높았다.

"저는 아직도 배가 고파요."

"새로운 심리기술 전략은 없나요?"

그는 늘 현재에 만족하지 않고 이상적인 성장을 도모했다(성장, Growth). 하지만 상주상무 군 입대 후 예상치 못한 위기가 찾아왔다. 부상으로 인해 3개월 동안 수술과 재활을 진행하게 되었는데 그는 예전과 달리 전혀 조급해하지 않고 현명하게 생각과 마음을 잘 다스려 성공적으로 복귀했다(회복력, Resilience).

심리기술훈련 당시 그는 "축구를 가장 좋아하고 자신이 좋아하는 축구를 정말 잘하고 싶다."고 말한 적이 있다. 그 이유는 축구할 때 자신이 가장 행복함을 느끼기 때문이다. 2020 아시아챔피언스리그(ACL) 출전 당시에도 그는 "재미있을 것 같다.", "기대가 된다.", "빨리 뛰고 싶다." 등의 답변을 통해 축구에 빠져 있다는 것을 다시 한번 확인할 수 있었다(내적 동기, Intrinsic Motivation).

혹독한 심리기술훈련을 소화하면서 많은 어려움이 있었을 것이다. 예상치 못한 테스트, 매주 부여한 과제, 기분이 상할만한 자극에도 그는 늘 겸손했고 목표를 위해 버텼다^(끈기, Tenacity).

한석종 선수는 스포츠 선수가 갖추어야 할 심리기술 전략을 이해하고 이를 그라운드에서 능동적으로 활용하는 선수라고 볼 수 있다. 또한 다양하고 어려운 상황에 직면했을 때 순간 흔들릴 수는 있어도 쉽게 무너지지 않을 것이라고 판단된다. 간절함과 노력이 만들어낸 심리적 강인함은 이제 한석종의 장점이다.

※ 한석종 선수는 2023 시즌을 수원삼성에서 마치고 성남FC로 이적했다.

유리 멘탈에서 강철로 진화 중인 김도현

"제 마음을 솔직하게 말할 수 있을까? 처음엔 걱정을 많이 했어요. 그전까지는 제 마음을 숨기는 것에 더 익숙했거든요."

얼마 전 WK리그 경주한수원 골키퍼 김도현이 한 말이다.

2021년 11월 추운 겨울, 김 선수를 처음 만났다. 심리교육 특강을 마치고 짐을 정리하고 있을 때 그가 다가와 말을 걸었다.

"박사님, 멘탈 상담 좀 받고 싶은데 어떻게 해야 할까요?"

힘없는 목소리였지만 눈빛에서 간절함을 확인할 수 있었다. 김 선수는 "자신을 변화시키기 위해 어렵게 용기를 냈다."고 말했다. 그는 2021시즌 WK리그에서 1경기밖에 출전하지 못했고, 잦은 부상으로 인해 전력에서 자주 이탈하며 어려운 상황에 놓여 있었다.

김도현 선수 (출처 : 경주한수원 축구단)

　김 선수와의 첫 상담은 대면이 아닌 비대면(화상)으로 진행했다. 당시 팀의 동계훈련이 제주도에서 진행되고 있었기 때문에 직접 만나 진행하기 어려웠다. 필자는 첫 상담을 대면이 아닌 비대면으로 준비하면서 많은 걱정을 했다. 하지만 예상과 다르게 김 선수가 자신의 이야기를 솔직하고 구체적으로 표현해 준 덕분에 효과적으로 상담을 진행할 수 있었다. 무엇보다 첫 상담을 통해 김 선수의 남다른 의지를 확인할 수 있었다. 이를 통해 필자는 김 선수를 돕고 싶은 마음이 더 커지게 됐다.

　첫 상담에서 김 선수가 주로 호소한 문제는 자신에 대한 확신과 믿음이 높지 않다는 점이었다. 경기에 많이 나서지 못해 자기

존중감이 낮은 것으로 확인됐다. 스포츠수행전략(김병준, 오수학, 2002), 수행프로파일(IZOF), 자기관리(김병준, 2003) 검사지를 활용해 현재 보완이 필요한 심리 요인을 체크한 뒤 심리기술훈련(PST) 세션을 설계했다. 심리지원 목표는 김 선수에게 용기를 북돋아 주는 것이었다. 목표를 달성하기 위해 필자는 많은 애정을 쏟았다.

김 선수와 첫 상담이 끝나고 난 뒤 빠르게 일정을 조율했다. 비대면으로 심리기술훈련을 진행하기 위해서였다. 멘탈 터프니스, 이미지 활용, 루틴 등 현재 필요한 심리기술 전략을 하나씩 하나씩 이해시키고 활용할 수 있도록 지도했다. 추가적으로 다양한 상황으로 인해 마음과 생각이 흔들리지 않도록 중심을 잡아주었고, 가장 적절한 솔루션을 전달하기 위해 노력했다. 돌이켜 보면 김 선수에게 심리기술훈련을 효과적으로 적용할 수 있었던 이유는 김 선수가 필자를 신뢰하고 믿어주었기 때문이다. 선수에게 아무리 좋은 심리기술훈련을 지원해도 신뢰와 믿음이 없으면 절대 받아들여지지 않는다.

2022년 2월 중순이 되자 흥미로운 일이 생겼다. 필자가 김 선수가 소속된 경주한수원 여자축구단의 심리지원을 맡게 된 것이다. 그리고 경주한수원 주전 골키퍼는 해외로 이적하게 되었다. 김 선수가 소속된 팀을 지원하면서 조금 더 많은 애정을 쏟을 수 있게 되었다. 하지만 김 선수는 주전 골키퍼의 이적으로 인해 큰 부담감을 안고 있었다. 김 선수는 상담 중에 "박사님, 제가 잘할 수 있을까요?"라는 말을 자주 했다. 그럴 때마다 필자는 "어떻게 해보지도 않고 안 될 거라는 생각을 하느냐?"며 혼을 냈다. 추가적으로 "경기에 선발로 출전하고 좋은 경기력을 발휘하는 것은 통제할 수 없으니 지금 할 수 있는 모든 방법을 총동원하여 준비 수준을 높이자."라고 다독였다.

2022년 4월 2일 WK리그 1라운드 화천KSPO 경기에서 김 선수는 선발로 출전했다. 필자 역시 관중석에서 경기를 숨죽이며 지켜봤다. 손에 땀이 날 정도로 긴장감이 높았다. 김 선수는 90분 동안 담대하고 용기 있게 경기를 소화했다. 특히 엄청난 압박감과 두려움을 피하지 않고 맞서 싸우는 모습이 인상적이었다. 버티는 힘이 이전보다 강해졌다. WK리그 1라운드가 종료되고 나선 비대면이나 대면 상담보다 유선 상담을 더 많이 진행했다. 주로 WK리그 경기 전과 후에 진행하였고 경기 전에는 상대 팀이나 팀 상황을 고려한 멘탈 플랜, 경기 종료 후에는 멘탈 리뷰를 제공했다. 유선 상담을 더 많이 진행한 이유는 소속 팀에서 팀 교육이 별도로 진행되고 있었고, 김 선수는 배운 심리기술 전략을 숙달하는 과정이었기 때문이다.

김 선수는 WK리그 개막전 출전 이후 할 수 있다는 자신감을 얻게 된다. 배운 심리기술 전략을 효과적으로 활용하면서 마음과 생각이 한층 더 단단해졌다. 하지만 안타깝게도 얼마 지나지 않아 또 다른 문제와 마주하게 된다. 김 선수는 WK리그에서 자신의 기대 수준만큼 경기력을 발휘하지 못할 때면 심리적으로 상당히 힘들어했다. 예를 들면 자신의 실수로 인해 실점을 하거나 꼭 막아야 하는 슈팅을 막지 못했을 때 그는 유독 많은 눈물을 흘렸다. 더 중요한 것은 다시 감정을 추스르고 회복하는 데 많은 시간이 필요했다. 김 선수는 감정을 회복하는 속도가 더뎠다.

선수권대회가 가장 기억에 남는다. 김 선수는 선수권대회에서 인천현대제철과의 경기에 선발로 출전하게 된다. 아쉽게도 좋은 경기력을 발휘하지 못했고, 팀은 역전패를 당했다. 그다음 날 필자는 김 선수와 개인 상담을 진행했다. 그의 눈은 퉁퉁 부어 있었고 자신의 이야기를 하던 중 또다시 눈물을 흘렸다. 원래대로였다면 시합에 대한 보상을 찾고 과정 미흡형 귀인을 통해 감정을 빠르게 회복할 수 있도록 지도했을 것이다. 하지만 필자는 조금 다른 방법을 활용했다.

필자는 김 선수의 감정을 회복시키기 위해 별다른 노력을 하지 않았고, 있는 그대로를 인정해 주었다. 예를 들면 그의 이야기를 최대한 들어주고 공감해 주며, 현재의 감정 상태를 존중해 주었다. 또한 상담 환경을 실내에서 실외로 전환했다. 숙소 근처 산책로를 걸으며 감정이 회복될 때까지 그를 묵묵히 위로했다. 필자가 조급해 하지 않고 마음을 비웠더니 김 선수의 감정 회복 속도가 빨라졌다. 이 시기에 배운 것은 내담자의 마음을 변화시키기 위해 노력하는 것보다 내담자 스스로 마음을 변화시킬 수 있도록 믿어

주고 기다려 주는 것이 더 좋은 상담이라는 점이다.

전화위복의 기회는 생각보다 빨리 찾아왔다. 선수권대회 4강전, 화천KSPO 경기에서 김 선수는 후반 종료 시기에 교체 투입된다. 승부차기를 대비한 교체였다. 관중석에서 경기를 보던 필자는 긴장감에 고개를 차마 들 수 없었다. 김 선수는 보란 듯이 상대 팀 선수들의 킥을 막아냈고 팀을 결승으로 이끌었다. 대망의 결승전에서는 선발로 출전하여 인천현대제철의 공격을 무력화시키며 선수권대회 우승과 GK상을 수상하게 된다. 선수권대회의 경험은 김 선수의 몸과 마음을 한층 더 업그레이드시켰고, 이는 WK리그까지 이어지게 된다.

김도현 선수 (출처 : 경주한수원 축구단)

김 선수의 멘탈적인 성장을 보면서 사람은 마음먹기에 달렸다는 말을 실감하게 되었다. 필자가 다양한 심리기술 전략을 소개하고 솔루션을 제공했지만 김 선수의 의지가 남달랐기 때문에 빠른 성장을 할 수 있었다고 생각한다. 물론 아직도 WK리그에서 성장 중에 있고, 실수를 할 때가 많다. 하지만 중요한 것은 이제 크고 작은 어려움을 마주해도 쉽게 무너지지 않고 빠른 회복 탄력성을 발휘한다는 것이다. 이것이 김 선수의 가장 강력한 무기라고 생각한다.

버티기 전략으로 꿈을 이룬 주현성

'고생 끝에 낙이 온다.'라는 말이 있다. 스포츠 선수가 자신의 꿈을 이루려면 좌절과 역경을 반드시 뛰어넘어야 한다. 이것은 피할 수 없다. 어떻게 보면 당연한 것이라 생각된다. 이러한 과정 없이 꿈을 이룬 선수는 단 한 번도 본 적이 없다. 하지만 시대가 많이 변했다. 요즘 학생 선수들은 힘듦과 어려움에 쉽게 흔들린다. 문제를 해결하는 능력 또한 예전에 비해 부족하다. 심할 경우 자신의 꿈을 쉽게 포기하기도 한다. 가장 안타까운 것은 이러한 과정이 자신의 성장에서 꼭 필요하다는 것을 알지 못하는 것이다.

학생 선수들이 마주하는 힘듦과 어려움은 생각보다 다양하다. 기량 향상(늦은 성장, 경기력), 팀 적응(힘든 훈련, 합숙 생활, 경쟁), 구성원과의 관계(지도자, 선후배), 신체 조건(키, 스피드), 부상(오랜 공백, 잦은 부상), 진학(기회, 선택), 미래에 대한 걱정(성공) 등이다. 심지어 예상치 못한 상황에서 이를 불쑥 마주하게 된다. 이로 인해 상담을 요청하는 학생 선수들이 꽤 많다. 이들은 대부분 자신의 좋지 못한 상황으로 현실을 직시하지 못하게 되고 감정에만 더 집중하는 모습을 나타낸다. 우발적으로 축구를 그만두는 일까지 발생한다.

학생 선수가 힘듦과 어려움을 이겨내려면 우선 버텨야 한다. 바꿔 말하면, 버티는 것이 결국 이겨내는 것이다. 대부분의 학생 선수들은 버티는 전략(김병준, 2015)을 잘 모른다. 생각보다 어렵지 않다. 핵심은 결과를 하늘에 맡기고 자신이 해야 할 일에 온전히 집중하는 것이다. 조급하게 생각하지 않고 자신에 대한 긍정적 믿음을 갖는 것도 버티기 전략의 한 예다. 즉, 결과는 통제할 수 없기 때문에 현 상황에서 가장 현명한 방법을 생각하고 실천해야 한다. 버텨야 문제를 해결할 수 있기 때문이다. 버티기를 잘하는 선수들

버티기를 잘하는 선수	버티기를 잘 못하는 선수
·결과를 하늘에 맡긴다.	·내가 상대보다 잘 해야만 된다고 생각한다.
·내가 할 것만 굳건하게 한다.	·부정적으로 예측을 한다.
·잘 버티면 기회가 온다고 믿는다.	·빨리 끝내려는 조급함이 있다.
·조급하게 판단을 내리지 않는다.	·승패에 대해 섣불리 결정을 내려버린다.
·결국에는 잘 할 것이라는 믿음이 있다.	·부정적인 결과에 대해 불안해한다.
·통제 가능한 것에 집중한다.	·통제 불가능한 것에 집중한다.

버티기 전략(김병준, 2015)

은 이 고비만 잘 넘기면 좋은 상황을 마주할 수 있다는 것을 알고 있다.

버티기를 잘 못하는 학생 선수들은 부정적인 에너지가 강하다. 예를 들면 미래에 대한 결과를 부정적으로 예측하거나 결과에 대한 원인을 남의 탓으로 해석하는 경우가 많다. 자신의 좋지 못한 상황에서 빨리 벗어나고 싶은 욕구를 강하게 드러내기도 한다. 이들과 상담을 하면서 가장 아쉬웠던 것은 자신이 제일 잘하는 것이 축구이고, 축구가 자신을 행복하게 만들었던 소중한 존재라는 사실을 잠시 잊는다는 점이다. 주전자의 물의 온도는 100도가 돼야 끓게 된다. 99도에서는 절대 끓지 않는다. 물의 온도가 99도인데 버티지 못하는 이들이 아주 많다. 더 안타까운 것은 버티지 못하는 원인이 작고 사소한 것일 때가 많다는 것이다.

버티기를 생각하면 떠오르는 선수가 있다. 현재 프로 3년차 주현성(서울E)이다. 그는 아직도 프로에서 악착같이 버티고 있다. 주 선수는 대학 시절에 축구를 그만두려고 할 정도로 큰 고비를 맞은 기억이 있다. 다행히 이를 현명하게 대처하였고 전화위복이 되었다. 만약 그 당시 주 선수가 축구를 그만뒀다면 지금의 K리거는 될 수 없었을 것이다. 다양한 종목의 학생 선수들이 주 선수의 실제 사례를 통해 희망과 용기를 얻었으면 한다.

때는 2019년 2월, 주 선수의 용인대 시절로 거슬러 올라간다.

주현성 선수 (출처 : FA photos)

"선생님 도움이 필요합니다. 우리 현성이가 지금 멘탈적으로 힘들어해요. 축구를 그만둘 수도 있을 것 같아요." 주 선수 어머니의 목소리에서 다급함을 확인했다. 당시 주 선수는 대학 단일 대회에 참가 중이었기 때문에 대회가 종료된 후에 상담을 진행해야 했다. 자정이 훌쩍 지난 주말 밤에 그를 용산역 근처에서 만났다. 상담 장소가 여의치 않아 주 선수 어머니의 동물 병원에서 진행했다. 그는 풀이 죽어 있었고 지친 모습이 역력했다.

"어떻게 해보지도 않고 안 될 거라고 생각해요? 억울하지도 않아요? 다시 시작해 봅시다."

이렇게 주 선수와의 인연은 시작됐다.

주 선수는 당시 다양한 어려움을 겪고 있었다. 동계 훈련 시기에 1학년 선수와 주전 경쟁을 하게 된 것이 대표적이다. 높은 스트레스와 불안감을 안고 있었다. 주전 경쟁의 부담은 잦은 실수와 자신감 감소로 이어졌다. 동계 훈련 종료 후 참가한 대학 단일 대회에서도 기대 수준만큼의 기량을 발휘하지 못했다. 팀 성적도 좋지 못했다. 주 선수는 "축구가 하기 싫었어요. 제가 부족하다는 것을 알게 됐고 미래가 보이지 않았어요."라고 말했다. 필자는 주 선수가 어려움에 대한 원인을 자신에게 돌리는 것을 알게 됐고 버티는 방법을 알려주면 다시 일어설 수 있다고 생각했다.

매주 일요일 오전은 주 선수와 함께 시간을 보냈다. 용산의 한 카페에서 상담을 하고 심리기술 전략을 공유했다. 함께 하는 시간이 많아지면서 자연스럽게 관계도 좋아졌다. 표정도 밝아지고 자신의 속마음도 솔직하게 표현했다. 문제가 해결된 것은 아니었다. 조급함은 점점 커졌다.

"이렇게 천천히 가도 되나 싶을 정도로 천천히 갔으면 좋겠어요."

필자는 주 선수가 조급함을 나타낼 때마다 조급함을 눌렀다. 당시 주 선수는 대학교 2학년이었고 프로에 입단해야 하는 상황이었다. 또다시 무너진다면 회복이 어려울 수도 있다고 생각했다. 어떻게 해서든지 주 선수의 마음과 생각을 쇳덩어리로 만들어야 했다.

주현성 선수 (출처 : FA photos)

주 선수는 끝까지 인내했다. 주중에 힘든 훈련과 U리그 경기 출전으로 인해 힘들 법도 한데 전혀 힘든 내색을 하지 않았다. 배운 심리기술 전략을 구구단처럼 외우기 시작했고, 이를 숙달시키기 위해 많은 노력을 했다. 나중에 알게 된 일이지만 상담이 종료되면 루틴처럼 오후에는 부족한 훈련을 진행했다고 한다. 잠에 들기 전에는 자신의 감정을 노트에 기록하며 심기일전했다.

추운 봄에 만나 낙엽이 떨어지는 가을이 됐다. 주 선수는 "선생님 요즘 축구가 너무 재미있어요. 축구를 더 잘하고 싶어졌어요." 라고 말했다. 목표가 명확해지자 동기 수준이 높아졌다. 더 이상 흔들리지 않았고 스스로 판단과 결정을 내리며 어둠 속을 헤쳐 나갔다.

3학년이 되자, 주 선수는 거침없이 자신의 진가를 발휘했다. 시합에 대한 준비 수준이 높아지면서 자신감을 장착했다. 경기와 관련된 심리적인 어려움은 심리기술 전략을 통해 통제했다. 경기력은 자연스럽게 안정됐다. 동시에 주 선수의 성장 속도 또한 더욱더 빨라졌다. 꾸준한 경기력은 프로 입단으로 이어졌다. 시즌 종료와 함께 서울 이랜드에 입단하였고, 2021년에는 남자 23세 이하 축구대표팀에 발탁되었다. 주 선수는 "그때는 너무 힘이 들었지만, 시간이 지나고 보니 저에게 꼭 필요한 시간이었던 것 같아요."라고 말했다. 주 선수와의 상담이 아직 1회기가 남아 있다. 상담을 요청하는 날이 오지 않았으면 좋겠다.

학생 선수는 버텨야 꿈을 이룰 수 있다는 것을 알아야 한다. 힘듦과 어려움을 마주하면 버티기 전략을 통해 현명하게 버티면 된다. 버틸 수 있어야 문제를 해결할 수 있고 꿈에 가까워질 수 있다는 것을 잊지 말아야 한다. 또한 주 선수의 사례가 학생 선수들에게 긍정적인 자극이 되었으면 한다.

※ 주현성 선수는 2023 시즌을 서울 이랜드에서 마치고 안산그리너스로 이적했다.

정찬성이 발휘하는 좀비 멘탈리티

'코리안 좀비' 정찬성이 케이지로 향한다. 그의 등 뒤에는 태극기가 펄럭이고 경기장은 The Cranberries의 〈Zombie〉 음악이 울려 퍼진다. 이를 보는 대한민국 국민은 가슴이 뜨거워진다.

정찬성은 대한민국을 대표하는 종합격투기 선수이다. 한국인 최초로 UFC 타이틀 매치(2회)에 참여했고 '코리안 좀비'라는 닉네임을 가지고 있다. '코리안 좀비'는 상대 선수에게 맞아도 쓰러지지 않고 쓰러지더라도 다시 일어나 상대 선수에게 공격을 시도하는 그의 기백을 통해 만들어졌다. 또한 그의 경기를 보면 한국인이 가지고 있는 특유의 정신력을 확인할 수 있으며, 이를 통해 우리는 큰 용기와 희망을 얻게 된다.

2022년 4월 UFC 페더급 타이틀 매치에서 정찬성은 알렉산더 볼카노프스키의 벽을 넘지 못하며 챔피언이 될 수 있는 기회를 놓치게 된다. 2013년 8월 UFC 타이틀 매치(조지 알도) 이후 2번째로 아쉬운 패배이다. 그가 UFC 페더급 챔피언이 되었다면 더할 나위 없이 좋았겠지만 그렇지 않더라도 그는 이미 대한민국의 어린 스포츠 선수들에게 긍정적인 메시지를 전달했다.

정찬성은 신체적으로 타고나지 않았지만, 엄청난 노력을 통해 세계 정상급 선수로 성장했다. 한 언론 매체에서 그는 "노력은 재능 중의 하나라고 생각해요. 노력이 재능이라면 세상 누구보다 자신이 있어요. 저는 노력이라는 재능을 믿었어요."라고 말할 정도로 자신이 얼마나 많은 노력을 했는지를 표현했다. 스포츠계에는 신체적으로 타고나야 성공할 수 있고 노력만으로는 성공하기 어렵다는 속설이 있다. 하지만 그는 그렇지 않다는 것을 보여주고 증명했다.

'코리안 좀비' 정찬성은 노력이라는 재능을 통해 만들어졌다. 하지만 끊임없이 노력을 실천하기 위해서는 필요한 것이 있다. 바로 '멘탈'이다. 생각과 마음이 단단하지 않으면 긍정적인 행동을 지속적으로 실천할 수 없기 때문이다. 그의 멘탈리티는 무엇일까? 각종 언론 매체에 공개된 그의 자료를 수집하고 분석했다. 분석한 결과, 그는 경기 결과에 대한 원인을 긍정적으로 해석하는 것으로 확인됐다. 특히 자신이 패배한 경기에 대한 원인을 자신의 준비(노력) 부족으로 해석하고 이를 인정하는 모습이 매우 인상적이었다. UFC 경기는 다른 스포츠 경기보다 준비할 수 있는 기간이 길고, 그가 세계 정상급 선수라는 점을 고려한다고 해도 패배의 원인을 자신의 준비(노력) 부족으로 해석하는 것은 결코 쉬운 일이 아니다.

2010년 4월 정찬성은 레너드 가르시아와의 경기에서 난타전을 벌였지만 아쉽게도 판정패를 당하게 된다. 이후 9월에는 조지 루프와의 경기에서도 KO패를 당하며 심리적으로 강한 타격을 받게 된다. 한 언론 매체에서 그는 "그동안 격투기를 싸움이라고 생각을 했어요. 하지만 이 경기를 통해 스포츠로 받아들이게 됐어요. 조지 루프가 저를 잘 분석하고 경기하는 느낌을 받았고, 그동안 시합을 본능적으로 한 것 같아요."라고 말했다. 이를 통해 그가 패배의 원인을 자신의 준비(노력) 부족으로 해석했다는 것을 확인할 수 있었고, 그는 이후 시합 준비(노력)를 더 체계적으로 하게 되었다. 실제로 이 경기 이후 레너드 가르시아, 마크 호미닉, 더스틴 포이리에와의 경기에서 승리하며 자신의 존재감을 확실하게 보여주었다.

2022년에 진행된 UFC 페더급 타이틀 매치, 알렉산더 볼카노프스키와의 경기 결과에 대한 해석은 더 흥미롭다. 한 언론 매체에서 그는 "너무 즐겼던 것 같아요. 다른 시합과 차이가 없어야 했는데 이 경기를 특별하게 생각했던 것 같아요. 원래대로라면 시합

정찬성과 볼카노프스키의 경기 (출처 : Alamy)

을 이기고 즐겼지만, 이번 시합은 조금 특별하게 해보려고 했던 것 같아요."라고 말했다. 추가적으로 "볼카노프스키와의 경기는 생각했던 것보다 너무 많이 달랐어요. 평소에 비슷한 체형의 스파링 파트너와 경기를 많이 했고, 그들과 경기를 하면서 단 한 번도 잽을 맞지 않았어요. 하지만 1라운드부터 잽을 맞기 시작했고 거기서부터 무너졌어요."라고 말했다. 이번에도 그는 패배에 대한 원인을 자신의 준비^(멘탈, 기술) 부족으로 해석했다.

경기 결과에 대한 원인을 긍정적으로 해석하는 것을 심리기술 전략으로 '귀인'이라고 말한다. 스포츠 선수가 긍정적인 귀인을 하면 심리적인 타격을 최소화하고 회복 속도를 높이며 높은 동기 수준을 유지하는 데 큰 도움을 주게 된다. 추가적으로 다음 경기를 준비하는 과정의 수준과 속도를 높이게 되고 이는 경기력에 결정적인 역할을 하게 된다. 또한 긍정적인 귀인은 경기에서 패배했을 때 더욱더 중요하다. 스포츠 선수가 경기에서 패배하면 부정적인 귀인을 하게 되는 경우가 많고 이는 사회적 태만을 증가시키기 때문이다.

'코리안 좀비' 정찬성은 노력이라는 재능을 통해 세계 정상급 선수로 성장했다. 하지만 그 노력 안에는 특별한 멘탈리티가 숨어 있다. 개인 준비(노력)에 관련된 긍정적 귀인을 활용했고, 이는 끊임없는 노력을 지속시켰다.

※ 2023년 8월 27일 정찬성은 싱가포르 인도어 스타디움에서 할러웨이와 복귀전를 치르게 되지만 3라운드만에 KO패를 당하며 선수생활 은퇴를 선언했다.

인천유나이티드 유소년 팀과 함께하며
생각한 것들

필자에게 인천유나이티드 유소년 팀(U15 광성중, U18 대건고)은 특별하다. 성장의 첫걸음과 동력을 만들어 준 팀이다. 어느덧 이들과 함께한 지 6년이 됐다. 시간이 참 빠르다는 생각과 함께 다양한 감정이 교차한다. 가슴이 뭉클하기도 하고 미안한 마음이 앞서기도 한다. 기회가 된다면 이들과 함께한 시간을 글로 표현하고 싶었다.

인천 유소년 팀과의 인연은 2017년에 처음 시작되었다. 그 당시 필자는 인하대학교 대학원 박사과정 중에 있었다. 인천 구단과 이해관계가 형성되면서 심리지원을 시작하게 됐다. 당시 가슴이 벅차고 의욕이 앞섰던 기억이 난다. 다른 한편으로는 인천 구단의 결정을 통해 그 당시 유소년 팀에 대한 방향성과 애정을 확인

인천유나이티드 U15 광성중 선수들
(출처 : 장기문 인천유나이티드 명예사진기자)

할 수 있다. 2017년은 스포츠 심리에 대한 중요성이 높아지고 있는 시기였지만 심리교육을 꾸준히 진행하는 스포츠 팀을 찾아보기 어려운 때였다.

심리지원은 팀 교육, 심리측정 분석, 운동부 생활 질문지 분석, 개인 상담 등이 포함된다. 팀 교육은 처음에 5회기로 시작했다. U15 광성중, U18 대건고 각각 팀 교육을 진행했고 점차적으로 회기를 늘렸다. 지금은 8회기의 팀 교육을 진행하고 있다. 처음엔 어려움이 많았다. 당시만 해도 심리교육에 대한 인식이 자리 잡히지 않을 때였다. 선수들과의 라포(Rapport, 신뢰관계) 형성도 되지 않았기 때문에 교육 참여 수준이 높지 않았다. 첫 팀 교육을 마치고 나서 좌절했던 기억이 있다. 의도적으로 노력을 많이 했다. 선수들의 이름을 외우고 안부를 물으며 관심을 표현했다. 교육 중에는 선수들과 눈을 마주치기 위해 노력했고 집중하는 모습이나 웃음을 통해 자신감을 조금씩 얻게 됐다.

심리지원 초창기에는 팀 숙소 내에서 교육을 진행하다 보니 환경적으로 아쉬운 점이 있었다. 이 부분은 구단 관계자와 협의를 통해 빠르게 수정하고 보완했다. 다행스럽게도 조율이 원만하게 되어 광성중, 대건고의 시청각실에서 심리교육을 진행할 수 있게 되었다. 최근에는 인천유나이티드FC 축구센터가 개장하면서 센터에서 진행하고 있다. 교육 환경의 변화는 선수들의 집중도와 참여 수준에 긍정적인 영향을 주었다. 좋은 교육을 하기 위해서는 교육 내용도 중요하지만 선수들과의 라포 형성과 교육 환경도 중요하다는 것을 알게 됐다.

팀 교육의 주제는 매 회기마다 새롭게 구성했다. 얼마 지나지 않아 새로운 정보를 알게 됐다. 유소년 선수들이 한 가지의 심리기술 전략을 이해하고 활용하기 위해서는 한 번의 교육만으로는 어려웠다. 계속해서 새로운 주제를 다루기보다는 유소년 시기에 꼭 배워야 하는 심리기술 전략을 반복적으로 교육했다. 예를 들면 에너지 존, 목표 설정, 매크로 루틴, 이미지 활용, 자기암시, 귀인 등이다. 다양한 심리기술 전략을 배우는 것도 중요하지만 이를 정확하게 이해하고 효과적으로 활용할 수 있도록 돕는 것이 더 중요

인천유나이티드 U18 대건고 지도자와 선수들
(출처 : 장기문 인천유나이티드 명예사진기자)

하다고 생각했다. 최근에는 은퇴 교육도 추가하여 진행하고 있다.

심리측정 분석은 주로 스포츠수행전략(TOPS), 수행프로파일(IZOF), 운동선수 자기관리 검사지를 활용했다. 2023년에는 경쟁불안(CSAI-2) 검사지도 추가했다(Martens, Vealey, & Burton, 1990). 심리측정 분석의 목적은 심리교육에 대한 효과를 검증하고 사전 심리측정 결과를 통해 보완이 필요한 심리 요인을 체크하는 데 있다. 심리측정(사전사후) 분석의 결과는 매년 긍정적으로 확인되고 있다. 특히 수행 프로파일과 자기관리 수준에 긍정적인 영향을 주는 것으로 보고 된다. 최근에는 매년 축적된 결과를 바탕으로, 더 심도 있게 자료를 분석하고 있다.

축적된 U15 광성중, U18 대건고의 사전 심리측정(TOPS, IZOF) 결과(팀 평균)를 분석해 보면 매년 동일하게 감정조절, 긴장풀기, 실수 극복능력 요인에서 보완이 필요한 것으로 확인됐다. 시합 상황에서 감정을 조절하고 불안을 관리하며 실수를 회복하는 데 어려움이 있다는 것을 알 수 있다. 나아가 최근 이러한 결과에서 중요한 정보를 알게 됐다. 동일한 연령대 팀들의 사전 심리측정 결과를 비교해 보니 결과가 유사했던 것이다. 즉, 감정조절, 긴장풀기, 실수극복능력 등이 한국 유소년 선수들이 가장 어려움을 겪는 심리 요인이라는 것을 알게 되었다. 비교 분석을 한 팀의 정보는 연령별 대표팀(1팀), U18 축구팀(3팀)이며 각각 2022년 여름, 2023년 봄에 측정한 결과 자료다.

운동부 생활 질문지 분석은 2022년에 처음 시작했다. 한 달에 한 번씩 진행하고 있다. 이에 대한 목적은 유소년 선수의 팀 적응을 돕고, 학교 폭력을 사전에 예방하는 데 있다. 질문지의 내용은 지도자, 선후배, 동기와의 관계(친밀도)에 대해 체크하고 학교 폭력에 대한 6문항, 개인 상담 유무, 근황 등을 작성할 수 있게 구성되어 있다. 수집된 자료는 필자가 분석 후 구단에 정보를 전달하고 있다. 이러한 과정은 선수 개인의 팀 적응도를 확인할 수 있고, 선수들에게 학교 폭력에 대한 경각심을 심어주는 데 큰 도움이 되고 있다.

개인 상담은 주로 선수가 직접 요청하거나 운동부 생활 질문지 결과에서 상담이 필요하다고 판단된 선수와 진행했다. 가끔 구단이나 코칭스태프가 요청한 선수와 상담을 진행하기도 했다. 심리 지원을 하면서 개인 상담을 요청한 선수는 생각보다 많지 않았다. 대부분 심리적인 어려움이 발생했을 때만 상담을 요청해왔다. 필자는 선수들이 컨디션이 좋을 때 상담을 더 요청했으면 했는데, 이 점은 아쉬웠다. 문제가 발생했을 때도 상담이 필요하지만 컨디션이 좋을 때 상담이 더 필요하다. 이는 필자의 경험적 근거다. 개인 상담이라고 해서 특별한 것은 없다. 선수의 이야기를 들어주고 공감해 주며 상황에 맞는 솔루션을 제공해 주는 것이 전부다.

유소년 시기에 심리기술 전략을 배우고 이를 활용할 수 있다는 것은 큰 의미가 있다. 크고 작은 어려움을 마주했을 때 심리기술 전략을 통해 흔들리지 않고 버틸 수 있게 된다. 이러한 과정이 숙달되면 현명한 판단과 결정을 내릴 수 있게 되고, 결국 마음과 생각이 강해지게 된다. 인천 유소년 선수들은 이러한 과정을 현재 경험하고 실천하고 있는 것이다. 인천유나이티드 U15 광성중 양진욱은 "심리교육을 통해 제가 스스로 멘탈을 관리할 수 있게 돼서 좋은 것 같아요. 요즘에는 현재 집중과 윈 어글리가 큰 도움이 되고 있어요. 성인 선수가 될 때까지 저만의 멘탈 관리 방법을 꼭 만들고 싶어요."라고 말했다.

심리교육에 대한 효과를 높이기 위해서는 추가적으로 필요한 것이 있다. 인천유나이티드 U18 대건고 최재영 감독은 "심리교육을 통해 올바른 성장을 하려면 선수의 몫이 중요하다고 생각해

최재영 감독
(출처 : 장기문 인천유나이티드 명예사진기자)

요. 아무리 좋은 교육을 들어도 선수 본인이 받아들이지 않고 활
용하지 않으면 정신적으로 강해지기 어려운 것 같아요. 이러한 부
분들을 개선하고 노력해서 최대한 많은 선수들이 정신적으로 성
장했으면 하는 것이 감독의 바람입니다."라고 말했다. 매번 최선
을 다해 교육을 진행하지만 시간이 지날수록 선수 개인의 정신적
준비 수준에서 차이를 나타낸다. 이는 경기 관찰을 통해 쉽게 확
인할 수 있다. 이 부분은 필자가 더 많은 연구를 통해 보완해야 할
과제라고 생각한다.

6년 동안 인천 유소년 선수들과 함께하면서 정이 많이 들었다.
하지만 가끔 무섭기도 하다. 사람과 사람 사이에 정이 쌓이면 헌신을 발휘하게 되는 것 같다. 경기 승패와 상관없이 선수들이 그라운드에서 담대하게 경기를 펼치게 되면 보람을 느꼈다. 돌아가는 발걸음도 한결 가벼웠다. 하지만 그라운드에서 선수들이 올바른 태도를 발휘하지 않거나 무기력한 경기력을 발휘하면 굉장히 속상하고 가슴이 아팠다. 때론 발가벗은 느낌이 들 때도 있었고 부족함을 느끼며 자책하기도 했다. 팀 교육이나 경기를 관찰하러 갔을 때 선수들에게 조금 더 다가가지 못하고 따뜻한 말 한마디를 더 건네지 못한 점은 매번 아쉽고 후회가 된다. 마음은 그게 아닌데 말이다.

인천 유소년(U15 광성중, U18 대건고) 선수들은 마음과 생각을 관리하는 방법을 알고 있다. 배운 심리기술 전략을 통해 어려움을 현명하게 이겨내며 훌륭한 선수로 성장했으면 좋겠다. 개인적인 바람으로는 숭의 아레나에서 꿈을 이루는 인천 유소년 선수들이 많았으면 한다.

※ 2024년에도 인천유나이티드 U15 광성중, U18 대건고와 함께하며, 동행을 7년째 이어가고 있다.

WK리그 경주한수원과 함께 했던 시간들

'현대제철 2022 WK리그 챔피언결정전 2차전' 경기 종료 휘슬이 울렸다. 필자는 조용히 경기장을 빠져나왔다. 차마 고개를 들수 없었다. 발걸음이 한없이 무거웠다. 높은 허탈감은 온몸에 힘을 빠지게 했고 간신히 운전대를 잡았다. 핸드폰이 쉴 새 없이 울리고 있었다. 주변 지인들과 심리전문가들의 위로 문자였다.

필자는 2022 시즌 경주한수원 여자축구단에 스포츠 심리지원을 했다. WK리그 시즌이 종료된 뒤 많은 이들에게 문의가 왔다. 어떻게 스포츠 심리지원을 했고 그 과정에서 얻은 경험적 근거를 궁금해했다. 하지만 1년가량 보이지 않은 곳에서 많은 애정을 쏟고 몰입을 하다 보니 몸과 마음에 문제가 발생했고 머뭇거리게

경주한수원 여자축구단 (출처 : 경주한수원 축구단)

됐다. 솔직히 말하면 모든 학문적 지식과 경험적 근거를 총동원한 상황에서 마지막에 꽃을 피우지 못해 가슴이 너무 아팠다. 한동안 말을 아꼈고 사람들을 만나기보다는 자연과 더 많은 시간을 보냈다.

경주한수원 여자축구단의 스포츠 심리지원 목적은 팀 응집력 향상과 위닝 멘탈리티를 만드는 것이었다. 즉, 팀의 모든 구성원이 목표 달성을 위해 일치단결하고 승리에 대한 확신과 믿음을 만들기 위해 심리지원을 시작했다. 심리지원을 하는 과정에서 매우 좋았던 것은 경주한수원 송주희 감독의 심리지원에 대한 이해도와 활용 수준이 매우 높았다는 점이다. 팀의 코칭스태프가 심리지원에 대한 이해도가 높으면 심리지원을 체계적으로 진행할 수 있게 되고 상황마다 수시로 요구 사항과 피드백을 전달받을 수 있게 된다. 이 과정은 심리지원을 할 때 매우 중요한 포인트다. 실제로 이 과정은 팀의 맞춤형 심리교육을 진행하는 데 큰 도움이 됐다. 송 감독이 심리교육에서 배운 심리기술 전략과 팀 멘탈 플랜을 팀 훈련과 경기 상황에서 선수들에게 한 번 더 지도한 덕분에 효과를 극대화할 수 있었다.

스포츠 심리전문가가 수준 높은 심리 교육을 진행해도 결국 코칭스태프가 이를 이해하지 못하고 활용하지 않으면 효과를 기대하기 어렵다. 이유는 스포츠 심리전문가가 코칭스태프처럼 매일 팀 훈련에 참여하고 경기 중 벤치나 라커룸에서 멘탈적인 지도를 하기 어렵기 때문이다. 송 감독은 이러한 부분들을 효과적으로 활용했고 팀을 긍정적인 방향으로 이끌었다. 다른 한편으로는 이러한 제한점을 개선하기 위해 스포츠 심리전문가들이 많은 고민과 노력을 해야 한다.

경주한수원 여자축구단의 심리지원 방법은 팀 교육, 개인 상담, 팀 관찰 리포트, 선수권대회 파견, 심리측정 분석 등을 나누어 진행했다. 심리지원 일정은 사전에 코칭스태프와 협의를 통해 계획하고 설정한 뒤 WK리그 경기 결과에 따라 조금씩 수정·보완하며 일정을 소화했다. 심리지원을 할 때 가장 어려운 부분은 심리지원 일정을 사전에 공유받고 체크하는 부분이다. 대부분의 스포츠 팀들은 리그 경기 결과에 따라 다음 주 팀 스케줄이 결정되는 경우가 많다. 이로 인해 심리지원 일정을 사전에 공유받지 못하게 되는 경우가 많아 심리지원 준비 수준을 높이는 데 어려움이 발생하게 된다. 하지만 이번 심리지원은 이러한 부분들이 원활하게 진행되면서 보다 나은 교육을 사전에 준비할 수 있게 됐다.

팀 교육은 2주에 한 번씩 총 12회기의 팀 교육을 진행했다. 팀 교육은 대부분 대면으로 진행했고 상황에 따라 비대면(화상회의)도 같이 진행했다. 팀 교육 주제는 사전 심리측정 결과를 토대로 선정했고 팀 교육을 진행할 때마다 코칭스태프와 선수들에게 교육 워크시트를 제공했다. 팀 교육 진행은 회기마다 주제에 알맞은 심리기술 전략을 소개하고 선수들이 팀 훈련과 시합 상황에서 심리기술 전략을 적극 활용할 수 있도록 이해시키고 도왔다. 또한 모둠 활동을 통해 팀의 의미 있는 자료를 만들고 서로 공유했다. 예를 들면 포지션별 팀 목표 설정, 팀 승리 루틴, 팀 비공식 리더와 중간 리더의 역할 등이다. 추가적으로 WK리그 경기에서 팀의 모든 구성원이 인식하고 의도적으로 실천할 수 있는 팀 멘탈 플랜을 제시했다.

개인 상담은 팀 교육이 끝나고 진행하거나 선수와 일정을 조율한 뒤 비대면으로 진행했다. 심리지원을 하는 과정에서 가장 어려웠던 부분이 바로 개인 상담이었다. 여자 선수들이기 때문에 밀폐된 공간에서 상담을 한다는 것이 매우 큰 부담이었다. 상담을 진행할 때마다 미팅 룸의 문을 활짝 열어놓았다. 오해할 수 있는 말이나 행동을 조심하기 위해 많은 노력을 기울이기도 했다. 상당히 경직된 상황에서 식은땀을 흘리며 상담을 진행했던 기억이 아직도 선명하다. 개인 상담을 진행하면서 가장 아쉬웠던 점은 코칭스태프가 추천한 선수들과 개인 상담을 많이 할 수밖에 없었다는 점이다. 필자는 팀에 상주하지 않았기 때문에 코칭스태프의 정보 전달에 의존할 수밖에 없었다. 다음 심리지원에서는 이러한 제한점을 꼭 개선해야 할 필요성이 있다.

필자는 2022 시즌 WK리그에서 진행된 경주한수원의 모든 경기를 직접 방문하거나 중계방송을 통해 관찰을 했다. 범죄 프로파일러가 범인을 잡기 위해 사건 현장을 자주 찾는 것처럼 스포츠 심리전문가도 팀 훈련이나 공식적인 경기를 계속 예의 주시하고 있어야 한다. 팀 관찰에서 중요한 단서를 찾을 수 있기 때문이다. 팀 관찰을 하면 팀에 대한 정보를 확인할 수 있고, 이를 통해 팀을 진단하면서 팀에 필요한 도움을 줄 수 있게 된다. 예를 들면 약속된 팀 멘탈 플랜 안에 다양한 요인들을 분석하여 긍정적인 요인은 더 강화시키고 부정적인 요인은 수정·보완하여 문제를 빠르게 해결할 수 있도록 도움을 줄 수 있다. 팀 관찰 리포트는 경기 종료 후 돌아오는 주중에 코칭스태프와 선수들에게 제공했다.

2022년 7월, 창녕에서 열린 선수권대회 파견을 생각하면 지금도 입가에 미소가 번진다. 경주한수원의 창단 첫 우승을 가장 가까운 거리에서 확인할 수 있었던 시간이다. 필자는 선수권대회가 진행되는 동안 동행하며 밀착 심리지원을 했다. 팀 교육은 장소가 여의치 않아 각자 방에서 비대면으로 팀 교육을 진행했고 경기가 없는 날에는 개인 상담을 진행해 선수들의 마음과 생각을 회복시켰다. 경기 당일에는 팀 미팅에 참여하여 멘탈 전략을 설명했고 선수들이 워밍업을 할 때에는 최대한 가까이 가서 박수를 쳐주며 용기를 전달했다. 선수권대회에 파견을 하면서 가장 좋았던 점은 코칭스태프와 많은 이야기를 나누면서 팀이 요구하는 것을 좀 더 확실하게 알게 된 점이다. 이 계기를 통해 조금 더 확신을 가지고 심리지원을 할 수 있게 됐다.

심리측정 분석은 심리지원에 대한 효과 검증을 위해 사전사후 심리측정을 진행했다. 심리검사지는 국내 공인 저널에서 신뢰도와 타당도를 확보한 스포츠수행전략(TOPS), 수행프로파일(IZOF), 운동선수 자기관리 검사지를 활용했다. 사전사후 심리측정을 분석한 결과 사전 시기보다 사후 시기에 심리적 요인들이 향상된 것으로 확인됐다. 특히 수행프로파일의 모든 심리 요인이 눈에 띄게 향상된 것으로 확인됐다. 추가적으로 팀 응집력 검사지(이한규, 김병현, 1995)도 활용했다. 팀 응집력 검사는 60일 주기로 총 5회 연속 측정을 진행했고 이를 통해 팀의 응집력 수준을 확인하고 관리했다. 예를 들면 팀 응집력의 4가지 요인(개인사회, 개인과제, 집단사회, 집단과제)의 변화 양상을 분석하여 코칭스태프에게 솔루션을 제공했다.

송주희 감독 (출처 : FA Photos)

심리지원을 하면서 기억에 남을 만한 일들을 아주 많이 경험했다. 우선 팀이 연승을 달리고 있을 때 신선한 자극을 주지 못한 것이 너무나도 아쉽다. 팀이 잘나가고 연승을 달리고 있을 때 심리지원을 통한 관리가 더 필요하다는 것을 절실히 알게 됐다. 필자는 이러한 골든타임을 2번이나 놓쳤다. 또한 WK리그가 진행되는 시기에 팀 빌딩 활동을 추가하여 팀에 대한 소속감을 높이고 팀 응집력을 관리한 점도 기억에 남는다. 이들이 활용한 팀 빌딩 활동은 단체로 영화 보기, 단체로 탁구 치기, 단체로 레스토랑에서 식사하기 등이 있다. 추가적으로 WK리그 경기 직전에 벤치에서 송 감독과 나눈 따뜻한 이야기들이 기억에 남는다.

‘현대제철 2022 WK리그 챔피언결정전 2차전’ 경기 종료 후 송 감독은 언론과 인터뷰에서 "준우승의 아쉬움에도 불구하고 원 팀이 되어 가는 걸 느꼈다."라고 말했다. 가슴이 너무나도 아팠다. 모든 역량을 총동원했지만, 여전히 후회와 아쉬움이 존재한다. 그리고 미안한 마음이 더 크다.

제6부

훌륭한 지도자는 노력을 통해 만들어진다

전 유스 명장이 말하는 성공 리스트

평상시 쓰고 싶었던 글이 있었다. 프로 유스 선수들이 프로에 진출하는 데 중요한 요인이 무엇인지에 대한 것이었다. 하지만 현역 프로 유스 지도자들은 자신의 목소리가 언론에 공개되는 것을 상당히 조심스러워했다. 글을 미뤄야만 했던 이유다. 이들의 견해를 듣는 것에 만족해야 했다.

그러던 중 좋은 기회가 생겼다. 얼마 전까지 프로 유스팀을 지도했던 김석우 감독에게 동의를 얻었다. 필자는 급히 김 감독과 일정을 조율했다. 동탄의 어느 초밥집에서 만났다. 맛있는 음식을 먹으며 서로의 근황을 물었다. 필자는 본론에 대한 질문을 했다. "감독님, 프로 유스 선수들을 지도하면서 느낀 점이 많으시죠? 프로에 가거나 잘 되는 선수들은 확실히 다른 점이 있나요?" 등

김석우 감독 (출처 : FA photos)

을 물었다. 질문은 계속 이어졌다. 김 감독은 한동안 고심한 후 자신의 견해를 솔직하게 밝혔다. 김 감독의 경험적 정보를 들을 수 있는 값진 시간이었다.

김 감독은 2022년까지 수원삼성 U18 매탄고를 지휘했던 인물이다. 첫 지도자 생활은 2013년 수원삼성 U15 매탄중 코치였다. 이후 2016년과 2019년에 수원삼성 U18 매탄고 코치, 감독으로 부임하여 팀을 이끌었다. 김 감독은 프로 유스 선수들을 약 10년간 지도했고 팀 우승을 15회, 준우승을 5회 달성했다. 대표적으로 강현묵(김천), 김태환(제주UTD), 박재용(전북), 오현규(셀틱), 정상빈(미네소타), 전진우(수원삼성) 등을 배출했다. 필자는 김 감독이 만든 성과 자체보다 이를 통해 얻은 경험적 근거가 너무 부러웠다.

김 감독은 프로에서 꽃을 피우려면 다음과 같은 요인이 반드시 필요하다고 말한다.

첫째, 좋은 자질을 가지고 있어야 한다. 즉, 특별함이나 차별성을 의미한다. 예를 들면 정상빈의 속도와 폭발력, 오현규의 타고난 득점력, 강현묵의 볼 관리 능력 등이다. 김 감독은 "프로에서 살아남으려면 선수의 탤런트(재능)가 반드시 필요해요. 하지만 더 중요한 것은 이러한 선수들을 잘 관리할 수 있는 지도자가 옆에 있어야 해요."라고 했다. 좋은 자질을 가지고 있어도 관리하지 않으면 올바르게 성장할 수 없기 때문이다.

김 감독은 "좋은 자질을 가지고 있는 선수들에게 올바른 방향을 제시해 주어야 해요."라고 말한다. 지도자는 선수 레벨에 맞은 경험치를 쌓을 수 있도록 도움을 주어야 한다. 예를 들면, 국제대회 참가, 대표팀 선발, 프로 팀에서의 훈련 기회 등이다. 이러한 기회를 통해 선수는 성공과 실패를 경험하게 되고 이를 통해 적응력과 응용 능력을 키울 수 있다. 김 감독은 "(정)상빈이 같은 경우 다양한 연령별 대표에 소집되면서 휴식을 취할 수 있는 시간이 부족했던 적이 있었어요. 당시 휴식이 필요하다고 판단했고 피지컬 코치와 협의 후 출전 시간을 조절했어요. 우승보다 선수의 미래가 더 중요하다고 생각했거든요."라고 말했다.

둘째, 올바른 태도를 갖춰야 한다. 축구를 대하는 태도, 적극성, 선수 리더십을 말한다. 필자도 이 말에 적극 공감한다. 김 감독은

"기본적인 인성과 소양 교육이 잘 된 선수들이 결국 성과를 만드는 것 같아요"라고 말했다. 팀을 먼저 생각하는 선수, 지도자와 동료들과 좋은 관계를 형성하는 선수, 축구에 대한 어려움을 서로 공유하고 도움을 주는 선수 등이다. 이러한 선수들이 높은 수준에 도달하는 경우가 아주 많다. 축구를 대하는 태도가 우수했던 선수로는 김태환(제주UTD)을 꼽았다.

올바른 태도 안에 적극성과 선수 리더십도 포함시킨 부분이 인상적이다. 여기서 말하는 적극성이란 경기 상황에서 도전적이고 과감한 플레이를 시도하는 행동, 볼에 대한 경합 상황에서 피하지 않고 강하게 부딪치는 행동 등이다. 선수 리더십은 팀의 분위기를 이끌고 힘들고 어려운 상황에서 희생과 헌신을 발휘하는 것을 의미한다. 이러한 적극성과 선수 리더십은 선수의 용기와 연관이 있으며 상위 레벨에 올라갈수록 중요도는 더욱더 높아지게 된다. 김 감독은 "선수가 적극성과 리더십을 발휘하는 것 또한 실력이라고 생각해요. 지도자들은 이러한 선수들을 상당히 선호하고 필요로 합니다."라고 말했다.

셋째, 우수한 자기관리 능력이다. 김 감독이 말하는 자기관리는 축구에 대한 좋은 생각, 휴식, 개인 훈련 등이 포함된다. 핵심은 노력이다. 선수들은 다양한 경험을 겪으며 부족함을 느끼게 된다. 이를 보완하기 위해 의도적으로 꾸준하게 노력하는 것을 자기관리라 볼 수 있다. 아무리 좋은 자질을 가지고 있어도 결국 노력

김석우 감독 (출처 : FA photos)

하지 않으면 꽃을 피울 수 없기 때문이다. 김 감독은 "선수가 조금 실력이 부족해도 꾸준하게 노력(연습)을 하면 그 선수를 믿고 기다리게 되는 것 같아요. 물론 기회도 한 번 더 주게 되고요."라고 밝혔다.

김 감독은 지도했던 선수 중에 노력을 많이 했던 선수로는 강현묵(김천)을 꼽았다. 김 감독은 "(강)현묵이는 몸이 무겁거나 컨디션이 좋지 않으면 새벽이나 밤에 개인 운동을 자주 했어요. 특히 땀복을 입고 조깅과 줄넘기를 자주 했던 기억이 있어요."라고 말했다. 프로에 가서도 자신의 슈팅 능력을 보완하기 위해 유스팀 GK 선수와 밤에 개인 운동을 꾸준히 진행했다. 김 감독은 "현묵이는 처음부터 두각을 나타낸 선수는 아니었어요. 하지만 끊임없

는 노력을 통해 차근차근 성장했고 결국 자신의 노력을 통해 K리
거가 되었어요."라고 전했다.

　김 감독은 유스 선수들을 지도하면서 많은 성과를 냈지만 분
명 아쉬운 점도 있다. 좋은 자질을 가지고 있는 선수들을 조금 더
돕지 못한 점이다. 김 감독은 "당시 경쟁을 두려워하고 환경이나
상황 탓을 하는 선수들이 많았어요. 이러한 선수들을 조금 더 이
해시키고 변화할 수 있도록 이끌어 주어야 했는데 그러지 못했어
요."라고 솔직한 심정을 드러냈다. 김 감독은 당시 자신의 에너지
가 많이 부족했다고 회상했다.

　김 감독은 프로 유스 선수들을 약 10년간 지도하면서 깨달은
성공의 조건으로 좋은 자질, 올바른 태도, 우수한 자기관리 능력
을 꼽았다. 우리는 김 감독의 성공 조건을 통해 선수의 꽃은 기본
에서 시작되고, 기본을 잘 가꾸어야 꽃이 핀다는 사실을 확인할
수 있다.

명장 귀네슈는 한국 축구에 무엇을 남겼나

세뇰 귀네슈 감독은 2002년 한일 월드컵에서 터키 축구팀을 4강까지 진출시키고, 그 해 유럽축구연맹(UEFA)에서 올해의 지도자로 선정될 정도로 지도력을 인정받은 명장이다. 또한 그는 해외의 수많은 감독 제의를 거절하고 자신의 나라 터키의 다수 프로축구팀을 맡아 지도하고 성과를 냈다.

하지만 그의 지도자 이력에 특이한 점이 있다. 그것은 해외 프로축구팀을 유일하게 지도한 팀이 바로 K리그1 FC서울이라는 점이다. 필자는 2008년 FC서울에서 귀네슈 감독을 스승과 제자로 만나 1년간 한솥밥을 먹으며 가르침을 받은 경험이 있다.

귀네슈 감독은 2007년 1월 8일 감독 취임 기자회견을 통해 한국의 수많은 축구 팬과 언론의 관심을 받으며 FC서울 감독으로 부임한다. 하지만 그는 3년간의 2007년 리그컵 준우승, 2008년 K리그1 준우승, 2009년 ACL^(아시아 챔피언스리그) 8강을 기록했다. 결국 우승컵 없이 자신의 고국 터키로 돌아가게 된다.

그 당시에 축구 관계자들의 평가는 그가 우승이라는 목표를 달성하지 못했기 때문에 실패라는 평가가 지배적이었다. 하지만 시간이 많이 흐른 지금은 18년 전에 그가 뿌리고 간 씨앗들이 싱싱한 곡식과 채소로 재배되면서 그는 더 이상 FC서울에서 실패한 지도자가 아니라 한국 축구를 위해 많은 헌신을 한 지도자라고 재평가받고 있다.

귀네슈 감독은 고집이 상당히 세고 자신이 해야 할 말은 거침없이 해야 하는 성격의 소유자였고, 이로 인해 그는 프로 심판, 다

귀네슈 감독 (출처 : 강동희 사진기자)

른 팀 지도자와 충돌하는 상황이 자주 벌어졌다. 하지만 그는 자신의 주변 사람들을 세심하게 잘 챙기며 무척이나 따뜻한 사람이었다. 일상생활에서 사브레 쿠키와 실론티를 즐기며 웃던 그의 모습이 지금도 생생하다.

그는 K리그에서 공격 축구가 무엇인지를 확실하게 보여주었다. 2007~2009년은 K리그 대부분의 팀들이 성적의 압박으로 인해 수비 축구를 지향했고 스리백 전술을 많이 활용하던 시기였다. 하지만 그는 달랐다. 포백을 기반으로 한 강한 압박과 빠른 템포의 패스 축구를 구현했고, 선수들의 창의적인 플레이를 도모하며 그라운드에서 수준 높은 경기력을 많은 이들에게 증명했다. 또한 그가 유일하게 할 수 있는 한국말이 "앞으로!"였을 정도로 과감한 전진 플레이를 권장했고, 만약 선수들이 소극적인 플레이를 하거나 백패스를 할 때면 벤치에서 뛰쳐나와 불호령을 내릴 정도로 공격 축구를 지향했다.

그 당시의 훈련은 미니게임 형태의 훈련을 자주 진행하였는데, 유독 터치 수를 논스톱으로 제한하여 패스의 속도와 타이밍을 빠르게 선수들이 가져갈 수 있도록 지도했다. 또한 선수 전원이 심박수 측정 장치 폴라(Polar)를 착용하고 체력 훈련을 주기적으로 진행하여 선수들의 체력을 극대화하고 데이터를 수집하여 선수들의 체력을 효과적으로 관리했다. 이러한 훈련의 효과는 해외 유명 리그에서 나올법한 아기자기한 연계 플레이와 멋진 득점 장면을

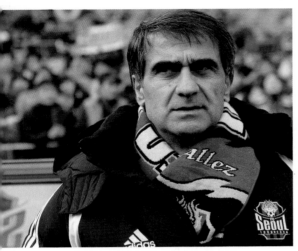

귀네슈 감독 (출처 : FA photos)

만들어 냈고 많은 축구팬들의 눈을 즐겁게 했다. A 선수는 "비록 그 당시 우승은 못 했지만 수준 높은 축구를 한다는 것에 대한 자부심이 상당히 컸고 축구가 너무 재미있었다."라고 말했다.

2007년부터 2009년의 FC서울은 이름만 들어도 알만큼 굵직굵직한 선수들이 즐비했다. 하지만 귀네슈 감독은 선수의 유명세보다 철저하게 실력으로 출전 선수 명단을 꾸렸고, 실력 있는 유망주들을 과감하게 경기에 투입하며 FC서울을 젊고 단단한 팀으로 만들었다. 특히 기성용, 이청용, 고명진, 김동석, 이승열 등을 키우며 한국 축구의 핵심 선수로 성장시켰다. 또한 경기력에 어려움이 있는 어린 선수들에게는 "축구를 더 사랑해야 한다. 그러면 축구도 당신을 사랑할 것이다."라는 믿음의 메시지를 전하며 이들의 분발 의욕을 증가시켜 성장을 도모했다. 이러한 과정은 외국인 감독이 자신의 이익만 생각했다면 절대 할 수 없는 일이라고 생각된다.

귀네슈 감독은 선수들에게 정신적인 측면을 많이 강조했다. 그 당시는 지도자의 폐쇄형 지도 방식으로 선수들의 정신을 관리하던 시기였고 스포츠 멘탈에 대한 인식이 무지할 때였다. 하지만 그는 구단에 요청하여 프로 스포츠 구단 최초로 스포츠 심리전문가를 고용하게 되고 이는 선수들의 마음과 생각을 단단하게 만드는 계기가 된다. 특히 그는 시즌 중에 "여러분들의 축구 수준은 상당히 높다. 그러니 더 자신을 믿고 그라운드에서 자신 있게 표현했으면 좋겠다."라는 말을 자주 했다. 그는 한국 선수들이 경기장에서 보여주는 특유의 겸손함과 어느 수준에 도달하면 만족해하는 모습을 철저하게 변화시켜 주고 싶어 했고, 이를 통해 그가 그 당시에 얼마나 선진 축구를 접목하려 했는지를 알 수 있다.

귀네슈 감독은 코칭스태프와 훈련 전, 후에 미팅을 의무적으로 진행했다. 그는 코치들의 의사를 확인하고 자신의 생각을 공유하는 과정을 매우 중요하게 생각했고 때로는 서로에 대한 의견이 맞지 않아 언성이 높아지며 줄다리기 미팅도 자주 진행됐다. 특히 코치들에게 지속적으로 과제를 부여하여 공부하는 지도자의 습관을 만들어 주었고, 이는 당시 이영진, 최용수 코치가 좋은 지도자로 성장하는 데 적지 않은 영향을 주게 된다. 추가적으로 그 당시에 선수로 뛰었던 이을용, 김은중, 이민성, 김한윤, 최원권, 김치곤, 박용호, 김진규, 김치우, 정조국 등이 현재 K리그에서 귀네슈 감독의 향기를 내며 프로 선수들을 지도하고 있다.

18년이 지난 지금도 한국 축구 현장에는 세뇰 귀네슈 감독의

귀네슈 감독 (출처 : 강동희 사진기자)

향기가 여전히 존재한다. 필자 역시 그의 눈빛, 목소리, 걸음걸이,
화내는 모습 등이 머릿속에 선명하게 남아 있다. 그는 한국에서
실패한 지도자가 아니다. 그는 한국 축구를 위해 헌신을 다한 지
도자다. 우리는 그를 다시 재평가해야 하고 꼭 기억해야 한다.

감독 김태영은 터프하지 않고 섬세하다

2020년 1월 22일 천안축구센터에서 김태영 감독을 처음 만났다. "반가워요. 오늘 교육 잘 부탁해요." 먼저 손을 내밀며 따뜻하게 맞이해 주었다. 당시 필자는 김 감독의 눈을 제대로 쳐다보지 못했다. 심장은 빠르게 뛰었다. 고등학교 시기에 2002년 월드컵을 보며 꿈을 키웠기 때문에 긴장이 안 될 수 없었다. 마치 연예인을 보는 것 같았다.

필자는 2020~2021년에 천안시축구단(현 천안시티FC)을 대상으로 심리기술훈련(PST)을 지원했다. 2020년에는 특강 형식으로 4회기 팀 교육을 진행했고, 2021년에는 팀 교육, 개인 상담, 팀 관찰, 심리측정 분석 등 범위를 확대하여 밀착 심리기술훈련을 진행했다.

김 감독은 팀 교육을 진행할 때마다 맨 뒷자리에 앉아 선수들과 함께 참여했다. 배포된 워크시트가 깜지가 될 정도로 필기를 많이 했고, 팀 교육이 끝나고 나서는 개인적인 질문을 통해 정보를 수집했다.

김 감독은 심리지원 과정에서 수정 보완할 점이 있으면 바로 요청할 정도로 관심과 애정을 보여주었다. 그중 한 가지가 워크시트의 빈칸을 없애는 것이었다. 필자는 교육 내용이 정리된 워크시트에 빈칸을 만들어 선수들이 직접 작성하며 교육을 들을 수 있도록 매번 준비했다. 하지만 김 감독은 워크시트의 빈칸을 작성하면서 교육을 듣게 되면 집중해서 들을 수 없다고 말하며 수정을 요청했다. 당시 김 감독이 심리적인 요인을 얼마나 중요하게 생각했는지를 엿볼 수 있다.

김 감독은 팀 교육에서 배운 심리기술 전략을 팀 선수들에게 적용하기 위해 많은 노력을 했다. 팀 훈련이나 경기 전에 직접 멘탈 코칭을 진행했고 언론과의 인터뷰에서도 심리기술 전략에 대한 이야기를 할 정도로 애를 썼다. 감독이 팀 훈련이나 경기 전에 멘탈 코칭을 한다는 것은 결코 쉬운 일이 아니다. 감독의 입장에서 신경쓰고 해야 할 일이 너무나도 많기 때문이다. 이 당시에 필자가 알게 된 것은 심리지원에 대한 효과는 팀 감독의 활용 수준에 따라 결정된다는 것이다.

당시 필자는 팀에 상주하지 않았지만, 김 감독을 도울 수 있는 방법을 계속 고민했다. 필자를 믿어주고 신뢰해 주었기 때문에 더 많은 도움을 주고 싶었다. 이러한 마음이 하늘에 닿았을까. 김 감독이 이끄는 천안시축구단은 리그에서 승승장구하며 돌풍의 팀이 되었다. 팀이 톱니바퀴 굴러가듯이 안정감이 있었고 팀 응집력을 확인할 수 있었다. 시간이 지날수록 팀은 더욱더 강해졌고 천안시축구단은 2021 K3리그 정규리그 우승을 차지했다. 아쉽게 챔피언결정전에서는 준우승을 차지했지만, 괄목할 만한 성과를 만든 시즌이었다. 필자도 한 단계 도약할 수 있는 귀중한 시간이었다.

그 당시 천안시축구단이 좋은 성과를 만들 수 있었던 원동력은 무엇일까? 필자는 김 감독의 특별한 리더십이 있었기에 가능했다고 생각된다. 우리는 김 감독이 선수 시절에 보여줬던 플레이로 인해 터프한 지도자일 것으로 생각할 수 있다. 하지만 전혀 그렇지 않다. 김 감독은 상당히 섬세하다. 팀 선수들을 큰 틀에서 생각하는 것에 만족하지 않고 작고 세밀한 것까지 신경 쓸 정도로 디테일한 지도자다. 물론 승부욕은 선수 시절과 동일하다.

스포츠 심리전문가가 분석했을 때, 김 감독은 변혁적 리더십 (Transformational Leadership)에 가깝다. 변혁적 리더십(Arthur, Bastardoz, & Eklund, 2017)은 카리스마와 신뢰를 바탕으로 팀 선수들에게 동기부여와 영감을 전달하며 스스로 변화할 수 있도록 이끌어 주는 리더십이다. 또한 변혁적 리더십의 4가지 요인은 이상적인 영향력, 영

김태영 감독 (출처 : FA photos)

감적 동기부여, 지적 자극, 개별화된 배려 등으로 구성되어 있다.

　김 감독의 변혁적 리더십은 화려한 선수 경험과 풍부한 지도자 경험이 축적되어 만들어진 결과물이라고 생각된다. '2002 한일월드컵' 4강 주역, FIFA 센추리 클럽 가입(104경기) 등으로 한국을 대표하는 수비수로 활약했고, 은퇴 후에는 '2009 FIFA 20세 이하 월드컵', '2012 런던올림픽', '2014 브라질월드컵', 2015년 전남드래곤즈, 2017~2018년 수원삼성 등에서 다양한 감독들과 호흡하며 자신만의 리더십을 만들었다.

　당시 김 감독은 화려한 선수 커리어와 더불어 상위 레벨의 지도 경험을 가지고 있었기 때문에 선수단에 귀감이 되기에 충분했다. 하지만 김 감독은 감독의 권위보다 더 중요하게 생각하는 것이 있었다. 그것은 선수들과의 의사소통이다. 한 언론사의 인터뷰에서 김 감독은 "좋은 팀의 분위기를 유지하기 위해서는 지도자가 선수들과의 거리를 좁히고 낮은 자세로 먼저 다가갈 수 있어야 해요. 그래야 선수들의 속마음을 들을 수 있고 가까워질 수 있어요."라고 말한 적이 있다. 이는 김 감독의 축구 철학에서 팀 선수들과의 의사소통을 매우 중요하게 인식하고 권위적인 지도자가 아니라는 것을 확인할 수 있다.

김 감독은 다른 감독과 조금 달랐다. 팀 훈련을 할 때마다 선수들과 함께 뛰며 지도했다. 예를 들면 패스 게임, 전술 훈련, 슈팅 게임 등의 다양한 훈련 프로그램을 같이 참여했다. 당시 함께했던 김준태 코치는 "감독님이 팀 훈련을 같이하면 긴장감 있는 훈련 분위기가 자연스럽게 만들어졌어요. 그리고 상황에 따라 직접 시범도 보여주셨는데, 이러한 과정은 선수들의 전술적 이해도를 높이는데 큰 도움이 됐다고 생각해요."라고 말했다. 김 감독이 선수들과 직접 부딪치며 스킨십을 하면서 선수들과의 친밀도에 긍정적인 영향을 주었고 이는 원활한 의사소통으로 이어졌다(이상적인 영향력).

감독의 위치에서 한 시즌 동안 팀 선수들에게 경기 출전 기회를 균등하게 부여하기는 매우 어렵다. 하지만 김 감독은 최대한 많은 선수들이 균등하게 경기에 출전할 수 있도록 기회를 부여했다. 팀 훈련에서 선의의 경쟁을 할 수 있도록 분위기를 만들었고 리그 경기에서는 선발 명단이 매번 변화했다. 중요한 것은 팀의 경기력이 꾸준했고 기회를 얻은 선수들이 제 몫을 다했다는 것이다. 어떠한 선수가 출전해도 이상하지 않을 만큼 믿음이 갔다. 이러한 팀의 긍정적인 요인은 어려움에 쉽게 흔들리지 않고 문제를 빠르게 해결했다. 여름 시기에 부상자가 많이 발생하면서 큰 고비를 맞이했지만 백업 자원들의 활약으로 인해 위기를 기회로 만들게 된다. 실제 김 감독은 팀의 모든 선수가 리그 경기에 참여할 정도로 기회를 균등하게 부여했다.

김 감독의 변혁적 리더십은 팀 선수들의 동기 수준을 높였다. 이 당시에 심리지원을 하면서 알게 된 것이 또 있다. 팀 선수들의 동기 수준은 팀 응집력에 긍정적인 영향을 줄 수 있다는 것이다. 이 당시에 팀 응집력을 관리하기 위해 팀 응집력 검사를 동계훈련, 시즌 초반, 시즌 중반, 시즌 후반 시기에 걸쳐 총 4회 실시했다. 재미있는 것은 팀 응집력의 4가지 요인이 시간이 지날수록 감소하지 않고 향상된 점이다. 특히, 과제 응집력이 점점 향상된 점이 눈에 띈다.

과제 응집력은 팀의 모든 구성원이 팀 승리를 위해 준비하는 과정(팀 훈련)에서 똘똘 뭉치는 것을 말한다. 스포츠 팀은 시즌 종료에 가까워질수록 팀 응집력이 감소하는 특징이 있다. 경기에 출전하지 못하는 선수들의 사회적 태만이 증가하기 때문이다. 하지만 천안시축구단은 달랐다. 김 감독이 출전 기회를 균등하게 부여하면서 선수 개개인의 동기 수준과 팀 응집력을 높였다(영감적 동기부여).

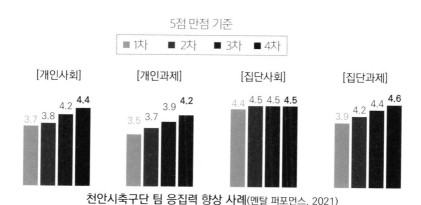

5점 만점 기준

■ 1차　■ 2차　■ 3차　■ 4차

[개인사회]　　[개인과제]　　　[집단사회]　　　　[집단과제]

3.7　3.8　4.2　**4.4**　　3.5　3.7　3.9　**4.2**　　4.4　4.5　4.5　**4.5**　　3.9　4.2　4.4　**4.6**

천안시축구단 팀 응집력 향상 사례(멘탈 퍼포먼스, 2021)

　김 감독의 훈련 방식은 대표팀과 프로팀에서 축적된 지식과 경험을 토대로 다양한 훈련 프로그램을 진행했다. 주기화의 원리를 이용한 컨디션 관리, 팀 선수들의 피로도에 따른 훈련 강도 조절 등 과학적이고 체계적으로 팀 선수들에게 적용했다. 또한 훈련 과정에서 위닝 멘탈리티를 선수들에게 심어주기 위해 신경을 많이 썼다. 의도적으로 경쟁 훈련을 많이 했고 경쟁에서 지지 않고 어떻게든 이길 수 있도록 지도했다. 강팀이 되려면 이기는 습관이 필요하다고 생각했기 때문이다. 추가적으로 프로 의식도 강조했다. 훈련 과정에서 프로 의식에 어긋나는 행동을 보이면 불호령을 내릴 정도로 이를 중요하게 생각했다.

　김 감독은 배운 심리기술 전략을 선수들에게 잘 적용했다. 특히, ‘개방형 대화’와 ‘윈 어글리(Win Ugly) 전략’을 참 좋아했고 선수들에게 이에 대한 지도를 많이 했다. 개방형 대화는 경기장에서 선수들

김태영 감독 (출처 : FA photos)

이 필요한 정보를 구체적으로 공유하는 것을 말하고 윈 어글리는
투쟁심을 바탕으로 도전적이고 과감한 플레이를 펼치는 것을 말
한다. 실제 당시 천안시축구단은 리그 경기를 하면 할수록 선수들
간에 구체적인 대화 수준이 향상됐고 그라운드에는 선수 김태영
을 연상케 하는 선수들이 점점 증가했다. 이는 필자가 경기장에서
직접 작성한 팀 관찰 일지를 통해 확인할 수 있다. 또한 비공식 리
더와 중간 리더를 선정하여 팀 선수들의 책임감을 높였고, 주장의
부담감은 덜게 했다. 김 감독은 심리기술 전략을 활용하여 팀 선수
들이 스스로 이기는 방법을 터득할 수 있도록 지도했다(지적 자극).

　김 감독은 선수 개개인의 조그마한 변화도 캐치할 정도로 관찰
력과 배려심이 깊었다. 팀 훈련과 연습경기를 통해 선수들의 몸

상태 체크는 물론이고 사소하게 생각할 수 있는 식사 시간에도 선수들의 표정, 기분, 음식 섭취량, 팀 분위기 등을 관찰했다. 이러한 팀 선수들의 관찰은 팀의 긍정적인 요인과 부정적인 요인을 체크하여 보완할 수 있었고, 선수 개인의 어려움을 사전에 파악하여 도움을 줄 수 있는 기회를 만들었다. 나아가 김 감독은 선수들과의 거리를 좁히고 도움을 줄 수 있는 방법을 끊임없이 고민했다. 이는 팀 교육 종료 후 티타임을 통해 확인했다. 어떠한 어려운 상황이나 선수에 대한 고충을 솔직하게 털어놓으며 자문을 구했다. 김 감독의 선수 경험과 지도 경험으로도 충분히 방법을 찾을 수 있는 상황에서 그는 늘 더 좋은 방법을 찾았다. 당시 김 감독이 선수들을 얼마나 아끼고 생각했는지를 엿볼 수 있다 ^(개별화된 배려).

'도광양회'^(자신의 명성이나 재능을 드러내지 않고 인내하며 때를 기다림). 필자는 김태영 감독이 보여준 특유에 변혁적 리더십을 아직도 기억하고 있다. 김 감독이 다시 그라운드에서 변혁적 리더십을 발휘하는 그 날을 고대한다.

※ 김태영 감독은 현재 대한축구협회(KFA) 사회공헌위원장을 맡고 있으며 한국 축구를 위해 많은 헌신을 하고 있다.

홍명보 감독의 K리그 우승 안에 MBTI 있다

　일과를 마치고 늦은 저녁 식사를 하던 중, 우연히 스포츠 뉴스를 보게 됐다. TV 소리에 이끌려 시선을 돌렸고 TV 화면은 울산 HD의 K리그1 우승 스토리를 보여주었다. 뉴스를 보면서 대단하다는 생각과 함께 흥미로운 사실을 알게 됐다. 그것은 홍명보 감독이 K리그1 우승을 위해 선수들의 MBTI(성격유형)를 적극 활용하여 팀을 이끌었다는 것이다.

　MBTI(성격유형)는 잠재되어 있는 인간의 선호 경향을 알아보는 검사 도구이다. MZ세대 사이에서는 모르는 사람이 없을 정도로 인기와 관심도가 높으며 대부분 자신의 MBTI 선호 경향을 잘 알고 있다. 또한 기업이나 회사 등에서 직장인들의 관계성을 향상시키기 위해 교육으로 활용되는 사례가 증가하고 있으며 최근에는 스포츠 심리전문가들의 상담 도구로 자주 활용되고 있다. MBTI는 에너지 방향(외향형 E, 내향형 I), 인식 기능(감각형 S, 직관형 N) 판단 기능(사고형 T, 감정형 F), 생활 양식(판단형 J, 인식형 P) 등의 요인으로 구성되어 있다.

홍 감독은 선수와 지도자 모두 성공을 맛본 축구인이다. 선수로 K리그 신인왕(1992), 월드컵 4강(2002)을 경험했고, 감독으로도 올림픽 동메달(2012) 등의 굵직한 업적을 세웠다. 물론 브라질 월드컵(2014)에서 아쉬운 결과를 남겼지만, K리그1 우승(2022)을 통해 능력을 다시 한번 증명했다. 홍 감독은 높은 수준의 성공 경험을 가지고 있다. 그럼에도 불구하고 왜 선수들의 MBTI를 활용했을까? 이 부분이 매우 큰 의미가 있다. 홍 감독이 MBTI를 활용한 것은 자신의 팀 선수들(MZ세대)과 긍정적인 의사소통을 하기 위함이라고 볼 수 있다. 또한 다른 시각으로는 다름을 인정했다고 해석할 수도 있다.

여기서 말하는 다름은 스포츠 팀에서 발생하는 다양한 상황에서 팀의 구성원들이 인식하고 판단하는 선호 경향이 각각 다르다는 것을 인정한 것이다. 예를 들면, 지도자가 선수에게 "지금 잘하고 있으니 조금만 더 분발해줘."라고 이야기를 했을 때 선수의 선호 경향에 따라 동기부여가 될 수도 있고, 선수 본인에 대한 확신이 감소할 수도 있다. 심할 경우, 지도자와 선수의 관계에 문제가 발생할 수도 있다. 지도자가 선수의 선호 경향을 이해하고 맞춤형

홍명보 감독 (출처 : FA photos)

코멘트를 전달하면 긍정적인 대화를 이어갈 수 있게 되고 이는 서로에 대한 관계성에 긍정적인 영향을 주게 된다.

　홍 감독은 언론과 인터뷰에서 "우리 팀 선수들은 내향형[1] 성향이 굉장히 많으며 이들이 어떤 것을 좋아하고 싫어하는지를 예측할 수 있다."라고 말했다. 이는 홍 감독이 선수들과의 의사소통을 얼마나 중요하게 생각했는지를 확인할 수 있다. 홍 감독은 왜 긍정적인 의사소통을 신경 썼을까? 아무리 좋은 전술전략과 수준급 선수들을 보유해도 서로에 대한 신뢰와 믿음이 없으면 무용지물이 되기 때문이다. 지도자와 선수 간에 신뢰와 믿음이 형성되려면 긍정적인 대화가 절대적으로 필요하다. 또한 지도자와 선수 간에 신뢰와 믿음이 높아지면 팀 선수들은 지도자를 위해 뛰기 시작하는데, 이러한 팀을 상대로 승리하기는 매우 어렵다.

홍 감독은 언론을 통해 "코칭스태프 미팅에 베테랑 선수들을 참여시켰고, 이는 팀의 문제점을 빠르게 해결하는 데 큰 도움이 됐다."라고 말했다. 코칭스태프 미팅에 팀 선수들을 참여시키는 것은 결코 쉬운 일이 아니다. 득보다 실이 더 많기 때문이다. 홍 감독은 서로에 대한 생각을 같이 공유하고 문제점을 해결하며 베테랑 선수들의 책임감을 높였다. 추가적으로 베테랑 선수들에게 수직 관계가 아닌 수평 관계를 자연스럽게 보여주는 계기가 됐고 이는 서로에 대한 신뢰와 믿음을 형성할 수 있게 됐다.

울산 관계자의 증언에 따르면 "홍 감독은 경기에 자주 출전하지 못하는 선수들에게 더 다가가 따뜻한 마음을 전했다."라고 말했다. 모든 선수들은 경기에 출전하는 것을 목표로 하지만 경기는 11명만 출전할 수 있다. 선수가 경기에 출전하지 못하면 기분이 좋을 수가 없다. 또한 경기에 출전하지 못하는 시간이 길어질수록 불만·불평이 증가하게 되고 심할 경우 사회적 태만, 팀 분위기, 팀 응집력에 부정적인 영향을 주게 된다. 지도자가 한 시즌을 소화하다 보면 경기 미출전 선수들을 챙기기가 쉽지 않다. 하지만 홍 감독은 긍정적인 의사소통을 통해 이들의 마음과 생각을 잘 잡아주었고, 상황에 따라 "준비를 잘하고 있는데 기회를 주지 못해서 미안하다."라는 말도 함께 전했다.

홍명보 감독 (출처 : FA photos)

울산이 제작한 영상인 〈푸른 파도〉를 보면 베테랑 선수들이 원정 경기까지 응원하러 오는 장면을 자주 확인할 수 있다. K리그 선수들이 원정 경기에 응원하러 오는 것은 의무가 아닌 자유 선택이다. 필자 역시 K리그 선수 생활을 해봤지만 원정 경기까지 응원을 가는 것은 결코 쉽지 않다. 더군다나 원정 경기 명단에 들지 못한 상황에서 자신의 팀을 응원하러 간다는 것은 팀에 대한 소속감, 지도자에 대한 신뢰와 믿음이 존재하기 때문이다. 특히, 강원 FC 원정 경기에 응원하러 온 박주영이 경기 종료 후 라커룸에서 홍 감독에게 물을 뿌리며 소리를 지르는 장면이 인상적이다. 박주영은 한 시대를 풍미했던 최고의 선수다. 홍 감독에 대한 신뢰와 믿음이 없었다면 그런 모습을 절대 보일 수 없다.

홍 감독의 긍정적인 의사소통 활용은 팀 응집력과 경기력에도 긍정적인 영향을 주었다. 울산은 매년 시즌 초반에 좋은 성과를 올리고 막바지에 성과를 올리지 못하는 경우가 많았다. 하지만 2022 시즌은 달랐다. 팀 응집력을 잘 관리했고 위기와 고비에서 특유에 위닝 멘탈리티가 발휘됐다. 특히, 역전 승리와 후반 종료 시기에 득점이 많았다. 예를 들면 패색이 짙던 전북현대와의 경기에서 추가시간에 나온 마틴 아담의 2득점, 0 대 1로 지고 있는 상황에서 후반 중반 2골을 넣으며 우승을 결정지었던 강원FC 경기 등을 말할 수 있다. 시즌 막바지에 팀 응집력이 높지 않으면 후반 중반 시기에 득점하고 역전해서 승리를 따내기는 매우 어렵다.

홍 감독은 선수들의 MBTI 정보를 활용하여 팀 선수들과 긍정적인 의사소통을 했고 이를 통해 서로 간에 신뢰와 믿음을 빠르게 형성했다. 이후 서로 간에 단단한 신뢰와 믿음은 팀 분위기와 팀 응집력에 긍정적인 영향을 주었고 팀 경기력으로 이어지게 됐다. 요즘 선수들은 지도자에 대한 신뢰와 믿음이 없으면 절대 최선을 다하지 않는다. 이번 홍 감독의 좋은 사례가 많은 지도자들에게 긍정적인 자극이 되길 바란다.

※ 홍명보 감독이 이끄는 울산HD는 2023시즌에도 K리그1 우승을 조기 확정 지으며 K리그1 2연패를 달성했다.

홍명보 감독의 K리그 우승 안에 MBTI 있다

무에게 유를 창조한 이정효 감독

"우리가 돈과 이름은 없지만 실력은 있다고 생각했어요." 광주FC 이정효 감독의 말이다.

프로 세계에서 지도자는 결과로 이야기한다. 굳이 설명할 필요도 없다. 좋은 지도자라면 결과를 만들고 증명하면 된다. 철저하게 결과로 평가받기 때문에 어떻게든 성과를 일궈야 한다. 쉬운 일은 아니다. 만약 지도자가 결과를 만들지 못한다면 옷을 벗을 수밖에 없다. 프로 세계는 이렇게 냉정하고 무서운 곳이다.

최근 프로 세계에서 자신의 이름 석자를 제대로 알린 지도자가 있다. K리그1 광주FC 이정효 감독이다. 그는 2022년에 광주FC를 K리그2에서 1부 리그로 승격시켰다. 2023년에는 K리그

1 파이널A(상위 스플릿)로 팀을 이끌었고, 리그 최종 3위를 차지하며 창단 첫 아시아축구연맹(AFC) 챔피언스리그(ACL) 출전권을 획득했다. 많은 축구 전문가들은 광주FC의 돌풍이 오래가지 못할 것이라고 예상했지만, 보란 듯이 이를 깼다. 결과를 만들어 증명했다. 이 감독이 얼마나 마음속으로 칼을 갈았는지를 알 수 있다.

지도자가 꾸준한 결과를 만든다면 분명 이유가 있을 것이다. 필자는 이 부분이 매우 궁금했다. 실제로 만나서 묻고 싶었다. 개인적인 친분이 없었기 때문에 만나는 데 어려움이 있었다. 하지만 뜻이 있는 곳에 길이 있다고 했다. 결국 친한 후배에게 부탁해 겨우 만남이 성사됐다. 당시 필자는 궁금한 내용들을 준비해 왔지만, 선뜻 질문을 꺼내지 못했다. 생각보다 긴장을 많이 했다. 시간이 지나 조금 편해진 후에야 입을 열었다. 이 감독은 자신의 솔직한 생각을 이야기했다. 무엇보다 그의 말에선 자신감이 느껴졌다. 근거가 있는 자신감이라 더 좋았다.

이 감독의 자신감 원천은 준비에서부터 시작됐다. 즉, 시합에 대한 준비 수준이 상당히 높다.

첫째, 경기 영상 분석을 같이 한다. 이 감독은 분석코치, 분석관과 함께 팀을 이뤄 경기 영상을 분석한다. 장소는 24시 카페. 각자 따로 테이블에 앉아 영상을 분석하고 편집한다. 한 경기를 위해 경기 영상을 분석하는 절차 및 일정 또한 정해져 있다. 반복 행동 루틴이 있다. 경기 영상 분석은 이전 리그 경기 영상에서부터 주말에 상대할 팀의 경기 영상, 팀 전술 훈련 영상 등이 포함된다. 뿐만 아니라 오후 훈련이 끝난 뒤 저녁 늦게까지 영상을 분석하는 일정, 오전에 가서 오후 훈련 전까지 영상을 분석하는 일정 등이 정해져 있다.

이 감독은 경기 영상을 분석할 때 수비보다는 공격에 조금 더 무게를 둔다. 머릿속으로 시뮬레이션을 수차례 돌려보며 골을 넣을 수 있는 방법을 찾는다. 최종 결정은 분석코치와 분석관과 끊임없는 대화 및 정보 공유를 통해 정해진다. 최적의 전술전략을 설정하게 된다. 가끔 서로에 대한 생각이 달라 언쟁이 높아질 때도 있지만 이 감독은 상당히 건강한 대화라고 말한다. 팀의 감독이 경기 영상을 볼 수는 있지만 직접 영상을 분석하고 편집하는 것은 결코 쉬운 일이 아니다. 이러한 과정을 통해 이 감독은 누구보다 상대에 대한 정보를 정확하게 파악할 수 있게 되고 나아가 팀 훈련 프로그램, 전술전략, 선수기용 등에 확신을 갖게 된다. 시합을 이미 이겨 놓고 시합을 하게 되는 것이다.

둘째, 팀 전술전략이 상당히 디테일하다. 상대에 대한 분석이 끝나면 전술전략을 선수들에게 공유하고 팀 훈련을 통해 이를 숙달시킨다. 팀 미팅도 선수들이 집중할 수 있도록 15분 이내에 마칠 수 있도록 한다. 광주FC 경기를 본 사람이라면 전술의 다양성, 수비할 때의 형태, 세트피스 전략 등을 보고 한 번쯤은 놀란 적이 있을 것이다. 이 감독은 자신이 원하는 축구를 하려면 선수들에게 구체적이고 자세하게 지도해야 한다고 말한다.

"지도자가 선수들에게 뒷공간 침투를 하라고 말하지만, 정작 어떻게 뒷공간을 침투할지에 대해서는 가르쳐 주지 않아요."

이 감독은 예를 들어서 설명해 주며 디테일의 중요성을 재차 강조했다.

이정효 감독 (출처 : FA photos)

추가적으로 이 감독은 "저희 팀 경기를 자세히 보시면 상대 팀 선수가 슈팅을 시도할 때 저희 수비수 몸에 자주 맞는 것을 확인할 수 있어요."라고 말했다. 그가 얼마나 디테일하게 지도하는지를 엿볼 수 있다. 광주FC 이으뜸도 이에 동의했다. "감독님 축구는 확실히 전술적으로 디테일해요. 선수가 생각을 하지 않거나 준비를 하지 않으면 경기를 할 수가 없어요." K3에 소속된 A 선수의 말은 더 흥미롭다. "동계훈련 기간에 광주FC랑 연습경기를 한 적이 있어요. 경기 중에 이정효 감독님이 지시를 하면 팀 전술이 기계처럼 변화되는 것을 보고 깜짝 놀랐어요."라고 말했다. 요즘 선수들은 지도자의 전술전략에 대한 믿음과 확신이 없으면 절대 뛰지 않는다. 선수도 지도자를 평가한다. 우리는 광주FC의

이정효 감독 (출처 : FA photos)

경기력을 통해 많은 생각을 할 수 있다.

셋째, 이 감독이 만드는 동기 분위기가 있다. 지도자의 지도 방식이나 리더십 또는 말과 행동은 선수들의 동기 수준에 영향을 준다. 이 감독은 공과 사가 확실하다. 팀 훈련 이외 시간에는 선수들에게 자유를 부여하고 동네 형이 된다. 단, 팀 훈련에서는 상당히 엄격한 지도자가 된다. 이 감독은 "선수들이 팀 훈련할 때 집중하지 않으면 멤버가 바뀐다는 것을 알고 있어요."라고 말했다. 광주 FC의 팀 훈련 분위기를 가늠할 수 있다. 실제 이 감독은 리그 경기에서 좋은 모습을 보였던 선수라도 팀 훈련 태도가 좋지 않으면 경기에 출전시키지 않는다. 예를 들어 전술 이해 및 수행 능력이 부족하거나 사회적 태만이 보이는 선수가 이에 속한다.

이 감독은 팀 훈련이 끝났다고 해서 바로 들어가지 않는다. 팀 훈련 종료 후 개인 지도가 필요한 선수가 있다면 따로 모아 1 대 1 레슨을 진행한다. 상황에 따라 오전 시간을 이용해 선수들을 지도하기도 한다. 이 감독은 "경기장에서 누구나 할 수 있는 것을 하거나 쉬운 것을 하면 안 된다고 생각해요. 누구나 할 수 없는 것을 해야 한다고 생각해요."라고 말했다. 개인 레슨을 진행하는 이유는 분명하다. 팀 훈련만으로는 개인 기량을 향상시키는 데 한계가 있기 때문이다. 이러한 과정은 선수 개인 능력을 향상시키고 팀 경기력에 긍정적인 영향을 주게 된다. 무엇보다 지도자와 선수 간에 믿음과 신뢰를 쌓을 수 있다는 점에서 큰 의미가 있다. 더 무서운 것은 정이 드는 것이다.

넷째, 이 감독은 구성원들을 믿고 책임감을 부여한다. 팀의 구성원들에게 정확한 역할 임무를 부여하고 그들의 의견을 존중한다. 예를 들면 피지컬 코치가 생리학적으로 많은 지식을 가지고 있기 때문에 그가 말하고 요구하는 것을 적극 들어주며 실행할 수 있도록 돕는다. 또한 의무 트레이너가 부상 선수의 복귀 시기의 피드백을 전달하면 이를 믿고 다른 대안을 찾는다. 사실 이러한 과정이 아무것도 아니라고 생각할 수 있다. 하지만 정말 중요한 부분이다. 구성원들의 말을 듣지 않고 자신의 생각과 판단대로 결정하는 감독들이 아주 많다. 물론 그렇지 않은 감독도 있다. 구성원들의 역할 분업화는 소속감과 책임감을 높이게 되고 업무 수행 능력을 향상시키게 된다. 이 감독이 구성원들을 믿고 신뢰하기 때문에 가능하다.

광주FC 이건희가 울산전 득점 후 인터뷰에서 "우리 팀만큼 좋은 축구를 하는 팀은 없다. 우리는 자부심을 가져야 한다고 감독님께서 항상 말씀하셔서 다들 자신감이 생기는 것 같다."라고 말했다. 선수가 인터뷰에서 이렇게 말하기는 정말 쉽지 않다. 지도자에 대한 믿음과 확신이 있어야 가능하다. 지도자에 대한 믿음과 확신은 지도력을 의미한다. 이제 대한민국에서 이 감독을 무시하는 사람은 찾기 힘들다. 다른 한편으로는 어렵게 지도자 생활을 하는 이들에게 이정효 감독은 드림이다. 이정효 감독이 꼭 좋은 지도자의 모범 사례가 되어줬으면 한다.

덕장, 송주희 감독의 한국형 진성 리더십

덕장(德將)은 한국형 진성 리더십(Authentic Leadership)을 지닌 지도자라고 풀어 쓸 수 있다. 선수들에게 진심을 전하고 마음을 움직여 팀을 하나로 만드는 지도자다.

한국형 진성 리더십(홍영인, 이용현, 2019)은 지도자가 팀의 모든 구성원에게 진정성 있는 말과 행동을 발휘하여 신뢰할 수 있는 관계로 발전시켜 나가는 리더십이다. 진성 리더십의 요인은 자기성장, 진실한 태도, 균형 잡힌 지도행동, 인간적인 소통 등의 4가지 요인으로 구성되어 있다. 한국형 진성 리더십을 대표할 수 있는 지도자의 예로 전 베트남 축구대표팀의 박항서 감독을 들 수 있다.
지도자가 선수 마음을 움직인다는 것은 결코 쉬운 일이 아니

송주희 감독 (출처 : FA photos)

다. 인간의 진심을 누군가에게 전달하려면 서로에 대한 믿음과 신뢰가 있어야 하기 때문이다. 또한 믿음과 신뢰는 단시간에 형성되기가 매우 어려우며 많은 시간이 지나야 형성되는 특징이 있다. 때문에 한국형 진성 리더십은 지도자와 선수 간에 믿음과 신뢰가 형성되지 않는다면 발휘하기가 매우 어렵다.

경주한수원 송주희 감독은 한국형 진성 리더십을 발휘하고 이를 통해 성과를 만들었다. 경주한수원은 최근 몇 년간 크고 작은 대회에서 번번이 인천현대제철을 넘지 못하고 준우승에 만족해야 했다. 그러나 2022년 7월 창녕에서 진행된 제21회 전국여자축구 선수권대회 결승전에서 인천현대제철을 3:1로 누르고 우승을 차지했다. 여기서 중요한 것은 우승보다 송 감독이 선수들에게 어떻게 진성 리더십을 발휘했는가 하는 점이다.

대회를 준비하는 과정은 순탄치 않았다. 당시 코로나 확진 등 부상 선수가 많았고 경주의 날씨는 어느 때보다 무덥고 습했다. 모두 강도 높은 훈련을 예상했지만 송 감독은 오히려 힘을 빼고 코칭스태프와 선수들의 마음을 하나로 모으는 데 집중했다. 훈련 강도와 시간을 조절하여 선수들의 집중력을 높였고 단체로 영화관에 가서 영화 보기 등의 팀 빌딩(Team Building) 활동을 추가하여 팀 응집력을 관리했다. 실제로 워터파크, 볼링 등도 계획했지만 코로나 확산으로 인해 아쉽게 취소됐다. 이는 당시 송 감독이 어려운 팀 상황에서 훈련보다 팀 구성원의 마음과 방향을 올바르게 설정하는 것을 더 중요하게 생각한 것을 알 수 있다(균형 잡힌 지도 행동).

위기는 생각보다 빨리 찾아왔다. 선수권 예선 첫 경기에서 인천현대제철에게 2:1 역전패를 당했다. 강한 심리적 타격을 받을 수 있는 상황에서 송 감독은 당황하지 않고 자신의 감정을 추스르며 팀을 재정비한다. 재정비하는 방법은 조금 달랐다. 패배의 원인을 그 누구도 아닌 자신에게 있음을 코칭스태프에게 제일 먼저 알렸고, 이는 코칭스태프가 다시 심기일전하는 데 결정적인 역할을 한다. 팀의 수장이 자신의 실수를 먼저 인정한다는 것은 결코 쉬운 일이 아니다. 또한 의기소침해하는 선수들에게는 "우리가 해야 할 일이 아직 많이 남아 있다." 등의 진정성 있는 코멘트를 통해 선수들의 용기를 다시 이끌어냈다. 이는 비겨도 예선 탈락할 수 있는 상황에서 서울시청에 2:1로 역전 승리하며 팀이 전화위복할 수 있는 계기를 마련하게 된다^(자기성장).

당시 대회에서 경주한수원은 매 경기 출전 선수 명단을 7~8명씩 바꾸며 로테이션을 진행했다. WK리그에서 베스트 일레븐을 구성하여 리그를 운영한 점을 고려하면 상당히 파격적인 선택이었다. 송 감독은 선수들에게 동등한 기회를 주고 싶었고 자신의 가치를 스스로 증명해 주길 바랐다. 하지만 경기 출전 기준은 엄격했다. 이름값이 있다고 해서 무조건 출전시키지 않았고 철저하게 컨디션과 실력을 봤다. 이 기준은 팀이 경기를 할수록 더욱더 단단해지는 계기가 됐고, 잠들어 있던 위닝 멘탈리티를 다시 깨우게 된다. 엄격한 기준을 통한 로테이션은 팀 선수들의 동기 수준을 높였고, 팀에 대한 소속감과 팀 분위기에 긍정적인 영향을 주게 되면서 팀 응집력 향상으로 이어지게 됐다^(진실한 태도).

송 감독은 결승전을 앞두고 선수들의 정신 건강 관리에 더 집중했다. 팀의 모든 스케줄을 취소하고 단체로 고급 레스토랑에서 식사를 했다. 당시 송 감독은 회복 훈련보다 선수들의 정신 건강 관리가 더 중요하다고 판단했다. 팀 선수들이 편안하게 식사를 할 수 있는 쾌적한 공간을 고려했고 여자 선수들이 좋아하는 파스타, 피자, 샐러드를 맛있게 먹으며 대화할 수 있게 분위기를 유도했다. 이러한 송 감독의 배려와 선택은 팀 선수들의 정신 건강을 빠르게 회복하게 된다. 추가적으로 새로운 공간에서 선수들이 식사를 하면서 대화의 빈도가 높아졌고, 자연스럽게 사회 응집력을 높일 수 있게 됐다. 당시 식사는 3시간가량 진행됐다. 결승전을 앞둔 상황에서 회복 훈련을 하지 않고 정신을 관리하기 위해 고급 레스토랑에서 시간을 보낸다는 것은 결코 쉬운 일이 아니다.

결승전을 준비하면서 해결해야 할 문제가 또 있었다. 그것은 팀의 핵심 공격수 나히(외국인 선수)의 사회적 태만을 관리하는 것이었다. 나히는 자타공인 WK리그 최고의 공격수다. 하지만 이번 대회에서 나히의 경기력은 송 감독 마음에 들지 않았다. 경기장에서 심판의 판정에 대해 강한 불만을 드러냈고 불을 빼앗기면 뛰지 않고 걸어 다녔다. 이러한 나히의 사회적 태만을 관리하기 위해 송 감독은 1 대 1 면담을 진행했다.

"심판의 판정에는 내가 항의할 테니 나히, 너는 경기에만 집중해 줬으면 좋겠어. 특히, 내일 경기에서는 주연이 아니라 조연 역할을 해줬으면 좋겠어."

송 감독은 나히에게 최대한 화를 내지 않고 진심을 전했다. 이후 나히는 결승전에서 헌신적이고 이타적인 플레이를 통해 달라진 모습을 보여주었고 팀을 우승으로 이끌게 된다. 이러한 결과는 지도자와 선수 간에 믿음과 신뢰가 있었기 때문에 가능했다고 볼 수 있다(인간적인 소통).

경주한수원 여자축구단 (출처 : 경주한수원 축구단)

송 감독이 발휘한 한국형 진성 리더십의 사례는 스포츠 현장에서 활동하는 지도자들에게 좋은 지침서가 될 수 있다. 더 중요한 것은 자신만의 진성 리더십을 연구하고 적용할 수 있어야 한다. 지도자와 선수 간에 진심을 주고받을 수 없다면 아무리 좋은 훈련과 전략이 있어도 아무 의미가 없기 때문이다.

제 7 부

훌륭한 부모가
훌륭한 선수를 만든다

유소년 선수 부모가 기억해야 할 3가지

　최근 3~4년 사이에 유소년 축구 시장은 눈에 띄게 발전했다. 변경된 8 대 8 경기 시스템이 유소년 축구에 확실하게 자리를 잡았고 이전보다 유소년 아이들이 마음껏 뛸 수 있는 축구장(실내, 실외)이 많아지면서 훈련 환경도 향상됐다. 또한 공부하는 지도자가 현장에 많이 배출되면서 수준 높은 훈련 프로그램과 지도력이 상당히 높아졌다.

　환경은 나날이 좋아지고 있다. 남은 한쪽은 부모가 책임져야 한다. 그렇다면 유소년 시기에 선수의 올바른 성장을 위해 부모는 어떠한 역할을 해야 할까? 아쉽게도 유소년 부모의 올바른 역할에 대한 구체적인 정보나 성공 사례, 교육이 현재 진행되지 않아 현장에 있는 유소년 부모의 걱정과 고민은 나날이 커지고 있는 실정이다.

　국내 유소년 축구 교육을 경험한 A 선수의 부모는 "한국에서 축구 선수를 키우려면 많은 시간과 비용을 투자해야 하는데, 부모로서 축구에 관련된 정보나 지식이 부족하여 자식에게 좋은 방향을 제시해 주기가 어렵다."라고 말했다. 이는 현재 유소년 선수 부모의 역할에 대한 방향성이 명확하지 않고 전문가의 조언이 어느 때보다 필요하다는 것을 확인할 수 있다.

　유소년 선수 부모의 올바른 역할은 다음과 같다.

　첫째, 지도자에 대한 최소한의 예의를 지키는 것이다. 유소년 축구 지도자들은 대부분 축구 지도자 자격증을 취득하고 유년 시절부터 축구 선수 활동을 하며 1만 시간 이상을 축구에 투자한 축구 전문가들이다. 하지만 현장에서는 아쉽게도 유소년 선수가 원하는 등 번호, 포지션, 경기 출전 시간이 만족스럽지 않아 불만을 표현하는 부모가 아주 많다. 추가적으로 운동장 안에 들어와 개인적인 지도를 하고, 지도자의 훈련 방법과 전술에 불만을 표하는 일도 심심치 않게 발생한다.

　이러한 부모의 올바르지 못한 행동은 지도자와 부모 간에 신뢰와 믿음이 감소하게 되고, 궁극적으로 유소년 선수에게 좋지 못한 영향을 주게 된다. 부모는 지도자를 교육자로서 존중해야 하며 궁금하거나 문제가 있을 시에는 개인 상담을 통해 정보를 교환하여 문제를 해결하는 것이 좋다.

화이팅을 외치는 유소년 선수들 (출처 : FA photos)

둘째, 부모의 욕심과 조급함을 버려야 한다. 축구에 많은 시간과 비용을 투자하면서 부모의 욕심과 조급함이 증가하게 된다. 이로 인해 가끔 유소년 선수가 아닌 부모가 축구를 하고 있는 느낌을 받을 때가 있다. 유소년 시기는 아기가 태어나 네발로 걸어 다니는 시기와 같다고 볼 수 있다. 현장에서 나타나는 단기적인 성과(우승, 기량 향상)에 부모는 현혹될 수 있지만 유소년 시기에 가장 중요한 것은 기본에 충실하는 것이다.

예를 들어 경기에 패하더라도 기본기, 패스, 드리블, 포지션 플레이 등을 정확하게 익히고 숙달하는 것이 매우 중요하다. 그 이유는 프로 선수가 되기까지 약 10년여의 시간이 소요되고 선수마다 성장하는 시기와 속도가 각각 다르기 때문이다. 부모의 조급함과 욕심은 유소년 선수의 불안감을 상승시키고 축구에 대한 재미와 흥미를 잃게 할 수 있다. 때문에 부모는 욕심과 조급함을 버리고 인내와 기다릴 수 있는 자세가 필요하다.

셋째, 부모는 유소년 선수와 효과적으로 대화해야 한다. 부모는 유소년 선수의 팀 훈련과 경기를 관찰하면서 기대치가 상당히 높아지게 되고 이로 인해 부모와 유소년 선수의 대화 방법에 문제가 발생한다. 예를 들어 "요즘 왜 이렇게 못하니?" 등의 결과 지향적인 말이나, "○○는 잘하던데 너는 저렇게 못하니?" 등의 남과 비교하는 부모의 부적절한 표현 등이 있다. 이러한 표현에 지속적으로 노출된 유소년 선수의 마음은 닫히게 되고 결국 대화가 단절됨으로써 부모와 자식 간의 대화가 아닌 일방적인 통보로 바뀌어 버린다. 특히 훈련이나 경기가 끝나고 부모의 차를 타고 이동하면서 이러한 부정적인 대화가 자주 진행되며, 이때 유소년 선수는 굉장한 스트레스를 받게 되고 동기와 자신감을 잃게 된다.

스포츠 심리전문가들은 부모와 유소년 선수의 효과적인 대화를 이끌어 낼 수 있도록 오레오 기법을 권장한다. 오레오 기법은 지지해 주는 말(첫 번째 쿠키), 대화의 핵심(중간의 크림), 문제 해결책(두 번째 쿠키) 순으로 대화를 진행하는 것을 말하며 두 개의 듣기 좋은 말(쿠키) 사이에 대화의 핵심(크림) 내용을 넣어 효과적으로 대화를 이끌어 내는 대화 방법이다(Butzkamm & Caldwell, 2009). 또한 부정적인 대화(결과, 비교)보다 안정적인 대화 분위기를 형성할 수 있고 전달하고자 하는 대화 핵심(크림) 내용을 효과적으로 전달할 수 있으며 과제 보완에 필요한 집중력과 노력 수준을 향상시킬 수 있다.

　유소년 선수를 키우는 부모는 올바른 부모의 역할을 다하기 위해 많은 노력을 해야 한다. 부모의 역할 수준은 유소년 선수의 성장 속도와 방향을 결정하기 때문이다.

갈림길에 선 고교 선수, 부모의 역할은?

고등학교에 다니는 선수는 대학 진학 혹은 프로 진출이라는 숙제를 풀어야 한다. 특히 대학에 진학하려면 전국대회 입상 실적, 경기 출전 시간, 내신 점수 등이 요구된다. 또한 이전과 다르게 고등학교 감독과 대학교 감독은 대학 진학과 선수 선발의 권한이 크지 않다. 철저하게 대학의 체육특기자심사소위원회, 대학입학전형관리위원회 등의 단계를 거쳐 대학에서 신입생을 선발한다.

현재 학생 선수들을 잘 지도하고 주말리그 및 전국대회에 참여하여 좋은 성적을 거둘 수 있도록 돕는 것이 고등학교 감독의 역할과 임무다. 감독 입장에서는 많은 도움을 주고 싶지만, 생각보다 도움을 줄 수 있는 것이 많지 않다. 이로 인해 고등학교 시

자녀의 경기를 응원하는 부모 (출처 : FA photos)

기에 부모의 역할은 어느 때보다 중요하다.

고등학교 학생 선수 부모의 올바른 역할은 무엇일까?

첫 번째, 부모는 학생 선수의 수준을 정확하게 판단해야 한다. 학생 선수가 팀 합숙을 하게 되면서 이전보다 함께 시간을 보내고 대화할 수 있는 기회가 줄어든다. 이로 인해 부모는 학생 선수에 대한 정보 공유에 어려움을 겪게 된다. 또한 연습경기나 주말리그에서 확인되는 경기 출전 시간, 경기력 수준, 태도 등의 눈에 보이는 결과로 학생 선수의 수준을 주관적으로 판단하게 된다. 대부분 학생 선수의 수준은 부모의 기대 수준에 도달하지 못하게 되며 이는 학생 선수 또는 지도자와의 갈등을 빚는 원인이 된다.

부모는 팀 지도자와 미팅을 통해 학생 선수의 수준을 정확하게 체크해야 한다. 하지만 부모의 생각과 지도자의 생각은 많은 차이가 있다. 지도자는 부모보다 더 많은 시간을 학생 선수와 보내고 모든 과정을 지켜본 뒤 판단하지만 부모는 학생 선수의 말이나 본인의 주관만으로 판단하기 때문이다. 궁극적으로 지도자는 잘하는 선수를 못한다고 말할 수 없다. 그 이유는 팀 선수들과 다 같이 생활하고 훈련하면서 다양한 상황을 같이 경험하기 때문이다. 즉, 지도자와 팀 선수들은 학생 선수 수준에 대한 결과의 원인을 다 알고 있다.

부모는 학생 선수가 기대 수준에 도달하지 못해 속이 상하고 화가 날 수 있지만 현실을 있는 그대로 받아들여야 한다. 우선 지도자와의 미팅을 통해 학생 선수의 수준을 정확하게 체크한 뒤, 부족한 부분을 보완할 수 있도록 도움을 주고 현실적인 대학 진학의 방향을 설정해야 한다. 심할 경우 진로 변경도 고려해야 한다. 즉, 학생 선수가 부모의 기대 수준을 맞추는 것이 아니라 부모가 학생 선수 수준을 정확하게 판단하고 도움을 주는 것이 현실적이다.

두 번째, 부모는 학생 선수의 적응력을 길러주어야 한다. 현장에서 활동하는 지도자들은 적응력도 실력이라고 말한다. 아무리 뛰어난 학생 선수라 할지라도 적응력이 부족하다면 자신의 기량을 발휘하기가 어렵다. 팀 선수들과의 친밀도와 지도자의 관계에서도 문제가 발생할 수 있다. 예를 들면 포지션 변경에 대한 불만, 출전 시간에 대한 불만, 지도자 코칭에 대한 의구심, 팀 규범에 대한 불만 등이 있으며, 이로 인해 학생 선수는 부모에게 불만을 전달하여 팀을 옮기려는 일이 자주 발생한다.

대부분 부모들은 학생 선수의 말을 믿고 팀을 옮기는 경우가 많지만 올바른 부모라면 신중하게 고민하고 선택해야 한다. 만약 프로 팀에서 이러한 상황이 똑같이 일어난다면 그때도 팀을 옮길 것인가? 최근 학생 선수들이 어려운 상황에서 버티는 힘이 상당히 약해졌고 부모에 대한 의존도가 점점 높아져 학생 선수의 자결성에 문제가 발생하고 있다. 이는 필자의 경험에서 근거한 말이다. 다양한 팀을 경험하면서 학생 선수의 적응력에 부모가 얼마나 많은 영향을 미치는지 확인할 수 있었다.

학생 선수의 적응력을 높이기 위해서 부모는 학생 선수에게 관여하는 수준을 낮추고 학생 선수는 받아들이는 자세가 필요하다. 축구는 팀 스포츠이기 때문에 학생 선수가 원하는 요구 수준을 다 만족시키기 어렵다. 학생 선수는 일상생활, 훈련과 시합 상황, 지도자 관계에서 발생하는 다양한 상황들을 받아들이고 실행에 옮겨야 한다. 지도자들은 학생 선수의 수용력 수준에 따라 좋은 선수에서 훌륭한 선수로 성장할 수 있음을 알고 있으며, 학생 선수의 적응력을 인성이라고 표현할 정도로 매우 중요한 덕목으로 보고 있다.

부모는 본인의 욕심과 기대 수준을 낮출 줄 알아야 하며 현실을 받아들여야 한다. 그것이 진정한 고등학교 학생 선수 부모의 헌신이라고 볼 수 있다.

건강한 멘탈을 지닌 부모가
훌륭한 선수를 키운다

훌륭한 선수 옆에는 항상 정신이 건강한 부모가 있다. 이는 스포츠 현장에서 다양한 종목의 선수와 부모를 만나게 되면서 축적된 필자의 경험적 근거이다. 하지만 자식 농사가 가장 어렵다는 말이 있듯이 부모가 학생 선수를 성인 선수로 성장시키기까지는 매우 지난한 과정이 요구된다. 특히, 부모의 기대치만큼 학생 선수가 성장하지 못하거나 진학이 마음처럼 잘되지 않을 때 부모는 강한 심리적 타격을 받게 되고 무너진다. 또는 지도자와의 관계, 다른 부모와의 갈등으로 인해 어려움을 겪기도 한다.

정신이 건강한 부모는 절대 조급해하지 않고 기다리는 방법을 알고 있으며, 부모의 역할 기준을 철저하게 준수한다. 여기서 말하는 올바른 부모의 역할 기준은 학생 선수가 마음껏 자신의 종목

멘토크 강연을 듣는 부모 (출처 : 김현정 사진작가)

에 참여할 수 있도록 아낌없이 지원을 해주고 어려움이 발생하면 스스로 해결할 수 있도록 돕는 것이다. 나아가 선수 이후 삶의 방향을 같이 고민해 주는 것도 필요하다. 하지만 대부분의 부모는 자식에 대한 욕심으로 많은 부분에 관여하려 한다. 이는 부모의 역할 기준을 넘어서는 일이다.

부모의 역할 기준이 필요한 이유는 학생 선수의 학년이 올라갈수록 부모가 도움을 줄 수 있는 범위가 줄어들고 기대치는 더욱더 증가하게 되기 때문이다. 이때 부모는 통제할 수 없는 요인에 집중하면서 심리적으로 어려움을 겪게 된다. 즉, 좋은 성과가 나오면 다행이지만 좋은 성과가 나오지 않으면 강한 심리적 타격을 받게 된다. 여기서 말하는 통제할 수 없는 요인으로 부모의 기대치에 부합하는 학생 선수의 기량 향상, 팀의 주전 선수, 출전 시간 보장, 수준 높은 팀으로 진학하기 등의 예를 들 수 있다. 이는 부모가 아무리 애를 쓰고 노력을 해도 통제할 수 없으며, 좋은 성과는 철저하게 학생 선수 개인의 노력으로 만들어진다는 것을 인지해야 한다.

부모는 자신의 정신 건강을 관리하고 유지할 수 있어야 한다. 만약 부모의 정신이 건강하지 않으면 긍정적인 생각과 올바른 행동을 발휘하기가 어렵고 많은 이들과 갈등을 빚으면서 학생 선수에게 피해를 주게 된다. 예를 들어 지도자나 다른 부모에게 말실수를 하거나 학생 선수에게 결과 또는 비교에 관련된 말을 전달하면서 관계에 문제가 발생할 수도 있다. 또한 부모들은 정신 회복을 위해 술의 힘을 빌리는 경우가 많은데 이는 결코 도움이 되지 않는다.

부모가 정신 건강을 관리하고 유지할 수 있는 방법으로는 학생 선수와 진심 어린 대화를 나눌 수 있는 관계를 형성하는 것이다. 부모와 학생 선수의 대화는 대부분 부모의 훈계와 학생 선수의 단답으로 종료되는 폐쇄형 대화가 많으며 이는 일방적인 대화이기에 올바른 대화라고 볼 수 없다. 올바른 대화는 부모와 학생 선수 모두 속마음을 솔직하게 털어놓고 공감하고 수용하며 주고받는 대화를 말한다. 부모는 학생 선수와 진심 어린 대화를 하기 위해 많은 노력과 연구가 필요하다. 실제로 A 부모는 학생 선수와 상담

센터를 직접 방문하여 상담을 받기도 하고, B 부모는 서점에서 서적을 구입하여 좋은 정보를 얻어 직접 활용하고 있다.

학생 선수는 학년이 올라갈수록 마음에 문이 닫히고 자신의 생각과 감정을 드러내는 것을 꺼린다. 여기에는 학생 선수의 유년 시절에 부모가 했던 부정적인 말이나 행동이 원인이 된 경우가 많다. 또는 학생 선수가 자신의 종목을 참여하면서 축적된 힘듦, 스트레스, 현실 직시 등이 원인이 되기도 한다. 물론 유년 시절부터 부모와 학생 선수가 긍정적인 관계를 형성하고 유지했다면 다를 수 있다. 하지만 대부분 학년이 올라갈수록 대화의 빈도가 감소하고 원만한 관계를 유지하지 못한다.

부모와 학생 선수가 진심 어린 대화를 나눌 수 있다는 것은 매우 큰 의미가 있다. 부모와 학생 선수의 진심 어린 대화는 서로가 인식하는 수준을 정확하게 확인할 수 있고, 학생 선수의 생각과 감정을 부모가 지속적으로 확인하면서 사전에 빠르게 준비하고 대처할 수 있게 된다. 또한 선수 이후 삶의 계획과 준비 수준을 높일 수 있게 된다. 추가적으로 서로에 대한 정보를 확인하면서 부모는 심리적으로 안정감을 찾게 되고 학생 선수의 현재 상황을 정확하게 판단하며 조급해하지 않게 된다. 즉, 기다리는 방법을 배우게 된다. 궁극적으로 부모는 좋은 성과가 나오지 않아도 심리적으로 큰 타격을 받지 않게 된다.

만약 부모가 학생 선수와 진심 어린 대화를 나누지 못한다면

멘토크 강연을 듣는 부모 (출처 : 김현정 사진작가)

부모는 학생 선수에 대한 정보를 확인할 수 없게 되고, 어려운 상황이나 시기적으로 필요한 도움을 효과적으로 주기가 어려워진다. 또한 학생 선수의 성과가 기대 수준만큼 나오지 않게 되면 부모는 심리적으로 무너지게 되고 조급한 모습을 보이며 학생 선수, 지도자와의 관계에서도 어려움이 추가로 발생한다. 부모가 학생 선수와 가까워지기 위해 많은 노력을 해도 학생 선수가 마음의 문을 열지 않는 경우도 아주 많다. 이때 부모는 화를 내거나 포기하지 말고 꾸준하게 다가갈 필요가 있다.

부모의 정신 건강을 관리하고 유지할 수 있는 또 다른 방법으로는 꾸준한 운동 참여가 있다. 부모는 학생 선수를 키우면서 예상치 못한 상황들을 마주하게 된다. 엄청난 스트레스와 감정조절에 많은 어려움을 겪고, 이러한 정신적인 어려움을 회복하는 데 많은 시간이 소요된다. 부모가 꾸준한 운동을 하면 신체 건강을 지키는 것을 넘어서 우울증과 불안감을 낮추고 기분 상태를 개선해 주며 정신적으로 회복하는 데 크게 도움이 된다. 부모가 참여하는 운동으로는 필라테스, 요가, 골프, 테니스, 등산 등이 있으며, 많은 부모들이 사우나를 즐기기도 한다.

부모는 끊임없이 자신의 정신 건강을 관리하고 유지할 수 있어야 한다. 그래야 부모는 학생 선수가 성인 선수가 될 때까지 올바르게 성장시킬 수 있다.

학생 선수 학습권,
부모가 꼭 지켜야 하는 이유

    부모는 학생 선수를 훌륭한 선수로 성장시키는 것이 가장 중요한 목표다. 하지만 더 중요한 부분이 있을 수 있다. 바로 선수로서가 아닌, 한 사람으로서의 삶이다. 부모는 학생 선수가 선수 이후 진로를 미리 준비할 수 있도록 방향을 제시해 주고 도움을 줄 수 있어야 한다. 그 이유는 축구 선수로 살아가는 삶보다 축구 선수 이후의 삶이 더 길기 때문이다.

    매년 연말이 되면 오랜만에 반가운 이들에게 전화가 쉴 새 없이 걸려 온다. 대부분 학생 선수를 키우는 부모의 전화이다. 좋은 소식으로 연락이 오면 함께 기쁨을 나누며 보람을 느끼곤 한다. 그러나 좋은 소식만 들려오는 것은 아니다. 몇몇 부모들은 반갑

멘토크 강연을 듣는 학생 선수 (출처 : 김현정 사진작가)

게 안부를 묻기도 전에 자신의 자식 이야기부터 꺼내며 하소연을 시작한다. "아들이 축구를 하고 싶다고 해서 10년가량 부족함 없이 지원했는데, 결국 지방대학도 가기 힘든 상황입니다." 대학입시 결과를 통해 현실을 직시한 부모는 망연자실하며 조언을 구한다. 필자는 매년 연말에 이러한 소식을 접할 때마다 많은 생각과 감정이 교차된다. "과연 어디서부터 잘못된 것일까?"

한국에는 언제부턴가 유소년 축구 사교육 바람이 불기 시작했다. 유소년 아이들이 축구에 입문하는 연령은 점점 어려지고 축구에 집중하는 시간은 점점 증가했으며 많은 비용을 지불하면서까지 다양한 레슨을 시키려는 부모들도 상당히 많아졌다. 가끔 필자는 아이가 축구를 하는 것인지 아니면 부모가 축구를 하는 것인지에 대한 의문을 가질 정도로 유소년 축구 사교육 시장은 부모의 관여 수준이 상당히 높다. 결과적으로 유소년 아이들의 자결성은 점점 감소하고 있다.

학생 선수가 중·고등학교에 진학하면 부모는 학생 선수를 위해 더 많은 비용을 지출하게 된다. 예를 들어 숙소비, 동계 훈련비, 대회 참가비, 의류비 등이 기본적으로 지출되며, 개인적으로는 건강식품, 축구화, 마사지, 레슨 비용 등이 추가된다. 물론 이외에도 다양한 명목으로 지출해야 하는 상황이 자주 발생한다. 부모는 학생 선수에게 많은 비용을 지출하면서 미래에 대한 기대 수준이 상당히 높아지게 되고, 이는 학생 선수에게 부담감으로 작용해 부모와 자식 간에 갈등이 생긴다. 나아가 부모가 생각하는 대학이나 취업 수준에 도달하지 못하면 부모는 학생 선수보다 더 큰 심리적 타격을 받게 된다.

부모가 학생 선수에게 아낌없이 지원을 했다고 해서 꼭 좋은 성과가 나오는 것은 아니라는 사실을 꼭 기억해야 한다. 만약 투자한 만큼 좋은 성과가 당연히 나오는 것이라면 대한민국에서는 손흥민 같은 선수가 매우 많이 배출될 것이다. 고등학교 3학년 학생 선수가 수도권 대학에 진학하려면 1년에 3번 나갈 수 있는 전국 대회에서 8강 이상 성적을 거둬야 원서를 쓸 수 있을 만큼 상당히 어렵다. 또한 원서를 쓸 수 있다고 해서 무조건 합격이 되는 것도 아니다. 탈락할 수도 있다. 대한민국 고등학교에는 현재 약 191개 (KFA 2023년 등록 기준)의 축구 팀이 있다. 경쟁은 치열할 수밖에 없다.

최근 대학 축구는 위기를 맞고 있다. K리그의 22세 이하 의무 출전 규정이 생기면서 대학 선수 3~4학년의 취업 문이 닫히고 있기 때문이다. 즉, 대학교 1~2학년 시기에 프로에 입단하지 못하면 선수로서 가치가 상당히 낮아지게 된다. 또한 반대로 프로 산하에서 대학을 거치지 않고 바로 프로에 입단하는 사례가 많아지고 있다. 그러나 이들이 프로에서 살아남는 선수는 극소수에 불과하며 대부분 어린 나이에 방출 통보를 받게 되는 경우가 많다. 특히 이들은 대학에서 학업을 이수하지 못했기 때문에 은퇴 이후 직업군을 선택하거나 자격증을 취득하는 과정에서 많은 제한이 있으며 축구 선수의 특수성을 살리는 데 어려움이 발생한다.

프로는 정규직 직장인처럼 정년이 보장되지 않고 프로 데뷔도 하지 못한 채 1년 안에 은퇴할 수도 있다. 물론 프로에서 자신의 진가를 발휘하는 선수들도 아주 많다. 하지만 10년 동안 준비해 놓고 꽃 한 번 피워보지 못한 선수들이 더 많다. 더 슬픈 것은 이들은 오로지 축구에만 집중하는 외길 인생이라는 것이다. 이로 인해 이들은 축구 선수 활동이 중단되면 사회에 구성원으로 살아가는 데 상당한 어려움을 겪게 된다. 2020년 대한체육회에서 조사한 자료에 의하면 운동선수의 은퇴 평균 연령은 23세이고, 10명 중 4명이 무직, 취업자 절반은 비정규직이며 월수입은 200만 원 미

멘토크 강연을 듣는 학생 선수 (출처 : 김현정 사진작가)

만인 것으로 나타났다(오영학, 2020. 10. 12).

부모는 학생 선수를 축구 선수로 성장시키는 것에만 그치지 말고 선수 이후 진로를 미리 준비할 수 있도록 중·고등학교 시기에 학습권을 보장해 주어야 한다. 이러한 과정은 굉장히 힘이 들지만, 미래에 대한 안정성을 확보할 수 있고 선수 은퇴 이후에 차별성 있는 행보를 보이는 데 매우 중요한 역할을 한다. 학업과 운동을 병행하는 학생 선수들은 정규 수업을 모두 마친 후 팀 훈련에 참여하고, 주말에 외박을 받게 되면 과외를 통해 부족한 학업을 보완하게 된다. 또한 11월이 되면 대학수학능력시험에 참여하여 학생 선수가 학업을 통해 갈 수 있는 대학까지 확보하기 때문에 선택할 수 있는 방향이 다양해진다. 실제로 고등학교 3학년까지 학업과 운동을 병행한 후 수능 점수로 대학에 가는 학생 선수들이 최근 많아지고 있다.

학생 선수들은 운동이 힘들다는 이유로 학업을 등한시하고 포기하는 경우가 많다. 더 큰 문제는 학생 선수들이 학업을 포기하는 것을 부모가 용인하는 것이다. 이때부터 이들은 대기업에 들어가는 것보다 더 어려운 도전을 시작하게 된다. 추가적으로 부모들은 중·고등학교 시기에 학생 선수들이 공부를 할 수 없는 환경, 구조, 어려움 등을 이유로 공부를 할 수 없다고 하소연하지만, 이는 학생 선수의 개인적인 의지에 따라 달라질 수 있다. 이 문제는 학생 선수 미래가 달린 굉장히 중요한 일이다.

학생 선수가 무조건 프로에 갈 수 있고 오랫동안 선수 생활을 하며 많은 돈과 명예를 얻을 수 있다면 학업이 중요하지 않을 수 있다. 하지만 프로에서 꽃을 피우는 선수는 극히 제한적이며 그렇지 못한 선수들이 더 많다는 것을 잊지 말아야 한다. 부모는 학생 선수에게 학습권을 꼭 보장해 주어야 한다. 이들은 실기 능력이 매우 우수하기 때문에 이론만 갖춘다면 좋은 체육 인재가 될 가능성이 매우 높고 직업군에 대한 선택의 폭을 상당히 넓힐 수 있다.

학생 선수를 키우는 부모는 아이가 그라운드가 아니라 사회에서 살아남을 수 있도록 도와야 한다. 물질적인 지원으로만 끝나서는 안 된다. 선수 이후 진로까지 미리 준비할 수 있도록 방향을 제시해 주고 도움을 줄 수 있어야 한다. 그래야 자신이 낳은 자식이 사회에서 반듯하게 살아갈 수 있다.

스포츠 선수에게 필요한 새로운 인성

아무리 기량이 출중한 선수라도 올바른 인성을 갖추지 않으면 오래 갈 수 없다. 선수에게 필요한 인성은 시대에 따라 달라진다.

스포츠 팀의 지도자가 선수를 영입할 때, 가장 먼저 확인하는 것은 우수한 기량이다. 하지만 지도자가 최종적으로 영입을 결정하는데 중요하게 생각하는 것은 바로 선수의 인성 수준이다. 선수의 기량이 아무리 뛰어나도 선수의 평판이 좋지 않거나 팀과 지도자를 대하는 태도가 올바르지 못하면 팀 경기력과 성적에 부정적인 영향을 주기 때문이다. 이처럼 스포츠 현장에서 선수의 인성은 곧 실력이라고 말할 정도로 매우 중요하다.

인성은 개인의 올바른 판단을 통해 발휘되는 태도와 행동을 말하며 개인의 성품이라고 말할 수도 있다. 스포츠 선수의 인성은 대부분 유년 시절 부모의 가정교육을 통해 기본적으로 형성되고, 학생 선수가 된 후에는 지도자의 가르침을 통해 자리잡는다. 스포츠 선수의 인성은 부모와 지도자의 역할 수준에 따라 결정된다는 것을 알 수 있다. 실제로 아이를 보면 부모가 보이고 지도자를 보면 선수가 보인다는 이야기가 있을 정도로 이들은 선수 인성에 많은 영향을 미친다.

선수가 갖춰야 할 올바른 인성 기준은 다양하고 범위도 넓다.

첫 번째로 적응력이 요구된다. 이는 모든 이들이 알고 있는 내용이며, 스포츠 선수의 인성을 판단하는 데 기본이 되는 조건이다. 예를 들어 팀의 지도자와 선배에게 예의를 갖추고 팀의 규범을 잘 지키며 동료들과 원만한 관계를 유지하는 것 등이다. 나아가 팀 훈련을 성실히 소화하고 지도자가 요구하는 전술전략을 실행에 옮길 수 있어야 한다. 선수가 수준 높은 적응력을 발휘하지 못하면 팀 지도자와 선수 간에 갈등이 생기게 되고 선수 개인 평판에 문제가 생겨 선수 생활을 이어가는 데 어려움이 발생한다.

두 번째는 통제력이다. 통제력은 스포츠 선수가 옳고 그름을 정확하게 판단하고 제어할 수 있는 능력을 말한다. 선수에게 요구되는 통제 요인은 성에 대한 올바른 인식과 불법 스포츠토토에 대한 예방 등이다. 최근 K리그 선수들의 성폭행 사건이 언론에 공개되면서 많은 이들에게 충격을 안겨주었다. 프로 선수는 공인이기 때문에 지울 수 없는 이력이 발생하면 선수 커리어에 치명적인 타격

멘토크 강연 중인 이상우 박사 (출처 : 김현정 사진작가)

을 받게 된다. 필자는 이들이 학생 선수시기에 성교육을 제대로 받고 부모와 지도자가 효과적으로 관리를 해주었다면 사전에 성폭행을 예방하거나 발생 가능성을 낮출 수 있었을 것이다. 더 심각한 것은 최근 중·고등학교에서 학생 선수들의 성추행 사건이 증가하고 있다는 것이다.

부모와 지도자는 학생 선수에게 성에 대한 정보를 정확하게 전달해 주고 이해시켜야 한다. 특히, 부모는 학생 선수와 원만한 관계를 유지하고 친밀도와 유대감을 높여 부끄러움 없이 성에 관한 대화를 나누며 관심과 사랑을 주어야 한다. 이는 최근 방영된 TV 프로그램에서 오은영 박사가 소개한 연구 결과가 뒷받침한다. 즉, 부모와의 친밀도 수준이 자식의 성행위 빈도에 영향을 준다는 것이다. 또한 지도자가 팀 자체적으로 성교육 강사를 초빙하여 지속적으로 학생 선수들의 성 인식 수준을 높여 주는 것도 좋은 방법이 될 수 있다.

추가적으로 스포츠 선수가 통제해야 하는 요인은 불법 스포츠토토 예방이다. 해를 거듭할수록 학생 선수들의 불법 스포츠토토 참여율은 점점 증가하고 있다. 불법 스포츠토토는 미성년자도 가입이 가능하며 손쉽게 배팅을 할 수 있기 때문에 부모와 지도자가 선수를 관리하는 데 많은 어려움이 있다. 무엇보다 이들은 불법 스포츠토토 참여에 대한 심각성을 제대로 인지하지 못한 채 배팅을 하고 있다는 것이 가장 큰 문제다. 이 부분은 부모와 지도자뿐만 아니라 협회나 연맹까지 심각하게 고민해야 할 사안이며 대처 방안을 꼭 모색해야 한다.

우리는 2011년에 발생한 K리그 승부조작을 잊어서는 안 된다. 그 당시 59명의 선수는 영구 제명을 받았고 4명은 사망했다. 충격적이었다. 그 당시 사건이 터지기 전에 선수들 사이에서 이미 불법 스포츠토토가 유행하고 있었으나 불법 스포츠토토 참여에 대한 심각성을 선수들이 제대로 인지하지 못했다. 학생 선수들은 미래에 K리거가 될 것이기에 이를 절대 간과해서는 안 된다. 좋은 대안으로는 학생 선수를 위한 불법 스포츠토토 방지 교육을 지속적으로 진행하는 것도 좋은 예방책이 될 수 있다. 불법 스포츠 토토 예방을 넘어 참여를 막을 수 있는 대안을 협회와 연맹은 꼭 마련해야 한다.

스포츠 선수는 올바른 인성을 갖춰야 오래 활약할 수 있다. 또한 올바른 인성은 적응력과 통제력이 발휘되는 선수만 갖출 수 있다. 부모와 지도자는 학생 선수가 올바른 인성을 형성할 수 있도록 적극적으로 도와야 한다.

프로 데뷔만큼 은퇴도
철저하게 준비해야 하는 이유

대한민국에는 K리거를 꿈꾸는 학생 선수들이 아주 많다. 하지만 K리거가 되는 것은 생각보다 매우 어렵다. 축구 전문가들은 유년 시절부터 축구를 시작하여 K리거가 될 확률이 0.8%라고 말한다. 채 1%도 되지 않는 수치다. 만약 K리거가 프로 데뷔전을 치르기까지의 확률을 계산한다면 0.8%의 확률은 더 낮아지게 된다. 이러한 확률은 K리거가 되는 것이 얼마나 어려운 것인지를 다시 한번 확인할 수 있다. 상황은 각기 다르지만, 다른 종목도 최상위 단계로 올라가기가 쉽지는 않을 것이다.

1%가 되지 않는 확률을 뚫고 K리거의 꿈을 이루게 되면 다행이다. 하지만 아쉽게도 그렇지 못한 이들이 우리 사회에 더 많다. 이들은 대부분 유년 시절부터 많은 시간과 돈을 축구에 투자하고

학업을 결손하는 경우가 많다. 또한 가족들과 함께 많은 시간을 보내지 못하고, 학창 시절에 좋은 추억을 만들 수 있는 기회를 포기할 정도로 축구에 온전히 집중하게 된다. 즉, 높은 수준의 헌신을 발휘하게 된다. 문제는 K리거의 꿈을 이루지 못했을 때 발생하게 된다. 이들은 강한 심리적 타격과 함께 삶과 미래가 상당히 불투명해진다. 평생을 바쳐 도전했던 꿈이 좌절되었기 때문이다.

매년 무더위가 시작되는 7월~8월이 되면 U15, U18 학생 선수들의 상담 문의가 유독 많다. 대부분 중도 탈락자와 중도 포기자를 만나게 된다. 여기서 말하는 중도 탈락자와 중도 포기자는 팀에서 인정을 받지 못하거나 실력이 부족한 선수, 팀에 적응을 하지 못하는 선수, 축구에 대한 재미와 흥미를 잃은 선수, 진학이나 취업이 되지 않아 축구를 그만두려는 선수들을 말한다.

실제로 무더위가 시작되는 7월~8월 시기에 축구를 그만두는 학생 선수들이 생각보다 아주 많으며 이들과 상담을 진행하다 보면 그들의 공통점을 확인하게 된다. 대부분 실패 경험으로 인해 성공에 대한 자신감이 부족하고 꿈과 목표를 재설정하는 데 어려움을 겪는다. 또한 축구를 그만두고 학업을 다시 시작하려고 해도 일반 학생들과 학업 격차가 심해 자신의 정체성에 혼란을 겪게 된다. 심할 경우, 탈선의 길로 빠지는 학생 선수들도 있다.

첫눈이 내리는 12월이 되면 대학교 3~4학년 선수들이 많이 찾아온다. 이 시기가 되면 축구 선수로서의 가치가 낮아지고 취

FC서울 시절 이상우 선수 (출처 : 강동희 사진기자)

업을 하기가 어렵기 때문이다. 현재 대학 축구는 위기다. K리그 U-22 제도로 인해 1~2학년 대회가 메인 대회로 바뀌었고 K리그 스카우터들도 1~2학년 대회만 관찰한다. 물론 K3, K4 리그에 진출하여 도전을 이어가는 대학교 3~4학년 선수들도 있지만 이들의 기대치를 충족시키지는 못하게 된다. 따라서 이들과는 주로 진로 상담을 진행하게 된다.

　상담 중 이야기를 경청하다 보면 이들이 겪는 어려움과 특징을 알 수 있다. 우선 자신의 미래에 대한 걱정이 많고 다른 진로를 생각해 보거나 준비가 되어 있는 경우가 거의 없다. 또한 진로에 대한 계획이나 준비 과정을 너무 쉽게 생각하는 경향이 있다. 축구 이외에 다른 일을 한 번도 제대로 해보지 못했기 때문이다.

2022년 K리그 신인 선수들의 평균 나이는 어떻게 될까? 이는 한국프로축구연맹 관계자에게 자료를 요청하여 확인하였다. 자료에 의하면 고교(U18) 졸업 후 K리그에 진출한 선수는 64명, 대학(졸업 무관)에서 K리그에 진출한 선수는 75명이었다. 또한 2022년 K리그 신인 선수의 평균 연령은 20.7세로 확인되었다. 이 자료를 통해 확인할 수 있는 것은 선수들이 고등학교가 아닌 대학 시절에 프로 무대에 갔으며, 대학교 1~2학년 시기에 K리그에 많이 진출했다고 판단할 수 있다. 추가적으로 대학교 3~4학년 선수들이 K리그에 진출하는 것이 결코 쉽지 않다는 것을 확인할 수 있다.

K리거가 되는 것은 매우 어렵다. 어려운 도전일수록 실패 확률도 높다. 때문에 이에 따른 대비책이 필요하다. 하지만 유년 시절부터 학생 선수, 부모는 이러한 부분들을 간과하고 축구에 집중하는 경우가 많다. 이는 부모의 책임이 크다. 무엇이 문제일까? 필자는 교육의 문제가 가장 크다고 본다. 교육을 통해 이들의 인식을 개선하고 경각심을 키워주어야 하지만 우리 사회에는 이러한 교육 제도나 교육 자료를 찾기가 매우 어렵다. 학교나 기업에서 주기적으로 성교육과 부정 방지 교육을 진행하는 것처럼 학생 선수와 부모를 위한 진로 교육이 절실히 필요하다. 예를 들면 중도 탈락자, 중도 포기자가 되었을 때 학생 선수는 어떻게 대처하고 부모는 이전부터 어떠한 역할을 해주어야 하는지에 대한

정보가 부족하다. 또한 이러한 교육은 일회성이 아닌, 지속적인 진행을 통해 점진적으로 학생 선수 및 부모의 인식을 개선할 필요가 있다.

K리거가 되었다고 해도 평생직장을 얻은 것은 절대 아니다. 이들 역시 프로 세계에서 자신의 경쟁력과 가치를 증명하지 않으면 언제라도 팀에서 방출될 수 있다. K리거라고 해서 이들의 인식은 다를까? 전혀 그렇지 않다. 한국프로축구연맹은 매년 예산을 책정하여 K리그 은퇴 교육을 진행하고 있다. 하지만 중요한 것은 K리그 선수들도 인식의 수준과 교육 참여 수준이 높지 않다. 다행히 은퇴 교육을 진로 탐색 과정으로 바꾸고 4년째 교육을 진행하면서 그나마 자리를 잡았지만 처음에는 상당한 어려움이 있었다.

한국프로축구연맹 교육지원팀(HRD) 박우인 팀장은 "K리그 선수에게 은퇴는 거스를 수 없는, 언젠가는 부딪혀야 하는 운명이라고 생각해요. 처음에는 K리그 선수들이 은퇴라는 단어를 민감하게 받아들이면서 교육을 진행하는 데 큰 어려움이 있었어요. 하지만 꾸준한 교육을 통해 선수들의 은퇴에 대한 부정적인 인식을 긍정적으로 변화시킬 수 있었고 이러한 교육은 일회성이 아닌 연속성을 가지고 매년 교육을 진행할 예정입니다."라고 말했다.

학생 선수와 K리거 모두 진로에 대한 인식을 올바르게 개선할 필요가 있다. 그리고 이러한 인식은 교육을 통해 충분히 변화될 수 있다. 만약 이러한 교육을 유년 시절부터 꾸준히 학생 선수와 부모가 듣게 된다면 어떻게 될까? 물론 듣는 입장에 따라서 부정적으로 받아들일 가능성도 있지만, 전반적으로는 긍정적인 영향이 훨씬 더 클 것으로 생각된다.

K리거의 꿈을 이루는 것도 중요하지만 K리거의 꿈을 이루지 못했을 때의 삶과 미래도 준비해야 한다. 또한 K리거의 꿈을 이루더라도 결국 30대 전후의 젊은 나이에 은퇴를 맞이하게 된다. 우리는 운동선수 이후에도 살아갈 날이 더 많다.

에필로그

   이 책을 통해 멘탈의 중요성을 알게 되었을 것이다. 이제는 강한 멘탈을 만들기 위해 스스로 많은 노력을 해야 한다. 이 책에 담긴 다양한 심리기술 전략을 팀 훈련과 시합 상황에서 끊임없이 활용하며 숙달할 수 있어야 한다. 다양한 심리기술 전략을 이해만 해서는 멘탈이 강해질 수 없다. 또한 자신의 감정에 따라 심리기술 전략의 활용 수준이 결정되지 않고, 꾸준함이 발휘되었으면 한다. 예를 들면 스포츠 선수의 경기력이 좋을 때 더 많은 심리적인 준비를 할 수 있어야 하며, 심리적으로 무너진 후에 후회하는 일이 없었으면 좋겠다.

   스포츠 선수가 자신의 마음과 생각을 관리하는 일은 매우 어려운 일이다. 주변에 도움이 반드시 필요하다. 스포츠 심리전문가에게 도움을 받을 수 있다면 다행이지만 그렇지 못한 이들이 우리 주변에 아주 많다. 팀의 지도자와 부모는 다양한 심리기술 전략의 정보를 선수에게 전달해 주어야 한다. 스포츠 심리전문가가 아니기 때문에 다소 어려움이 있을 수 있지만, 정보를 전달해 주는 것만으로도 선수의 멘탈 관리에 큰 도움이 된다. 추가적으로 지도자와 부모도 자신의 멘탈을 관리할 수 있어야 한다. 지도자와 부모의 멘탈이 건강해지면 선수에게 긍정적인 영향을 줄 수 있다.

스포츠 심리전문가를 꿈꾸는 이들도 이 책을 많이 볼 것으로 생각된다. 필자의 경험적 근거를 바탕으로 조언을 하자면, 이제는 스포츠 팀이나 선수들의 마음과 생각을 관리하기 위해서는 이론적 근거만으로는 쉽지 않다. 스포츠 현장이 생각보다 빠르게 변화되고 있기 때문이다. 경험적 근거를 최대한 많이 축적해야 한다. 즉, 이론적 근거와 경험적 근거 모두 중요하지만, 경험적 근거가 부족하다면 이론적 근거를 활용하는 데 어려움이 발생한다. 스포츠 현장에는 연령, 성별, 종목, 시기에 따른 특수성이 존재하기 때문이다. 이러한 특수성을 이해하지 못한다면 심리기술훈련의 효과를 기대하기가 어렵다.

훌륭한 스포츠 심리전문가는 되려면 꼭 갖춰야 하는 것이 있다. 어떠한 상황이나 현상에 대한 문제를 빠르게 해결하고 맥을 짚을 수 있어야 한다. 이러한 능력을 갖추려면 경험적 근거와 함께 관찰을 많이 해야 한다. 하지만 아쉽게도 관찰에 많은 시간을 투자하는 스포츠 심리전문가가 생각보다 많지 않다. 관찰에서 얻은 수많은 정보는 팀 교육, 개인상담, 심리측정 결과를 해석하는 데 결정적인 역할을 한다. 스포츠 심리전문가는 마법사가 아니다. 마법사가 돼서도 안 된다. 앞으로 관찰력이 뛰어난 스포츠 심리전문가가 많이 배출되었으면 한다.

스포츠 심리전문가 이상우 박사의 성장 스토리가 많은 스포츠 선수들에게 신선한 자극이 되었으면 한다. 아직도 사회적으로 '운동선수는 무식하다'라는 편견이 존재한다. 앞으로 후배들이 이러한 편견을 변화시키기 위해 더 많은 노력을 해줬으면 한다. 또한 학업에 대한 두려움을 갖지 말고 운동선수의 집념을 활용하여 학업에 도전했으면 좋겠다. 운동선수가 학업을 통해 지식을 얻게 되면 진정한 전문가가 될 수 있다고 생각한다. 스포츠 현장에서 활동하는 지도자와 부모가 선수들에게 좋은 방향을 이끌어줄 것으로 믿고 기대해 본다. 필자 역시 스포츠 선수의 모범 사례가 되기 위해 노력할 것이다.

이 책에는 필자가 담고 싶은 내용을 다 담지 못했다. 팀 빌딩(Team Building)이나 팀 응집력(Team Cohesion) 등의 내용을 담지 못해 아쉬움이 있다. 기회가 된다면 다음 책을 출간할 때 꼭 선보이고 싶다. 필자는 이번 책을 통해 많은 이들에게 긍정 에너지가 전달되었으면 한다. 또한 지금까지 걸어온 길보다 앞으로 가야할 길이 더 멀다고 생각한다. 한 대학의 상담교수가 이러한 말을 했다고 한다. "한 명의 상담사가 배출되려면 천 명의 내담자를 만나야 한다." 필자는 아직 많이 부족하다고 생각한다. 더 무르익기 위해 노력을 부단히 할 것이다.

　마지막으로 대한민국의 스포츠 선수들이 필자의 사례를 통해 용기와 희망을 얻었으면 한다.

참고문헌

- 김병준(2003). 운동선수 자기관리행동의 측정. **체육과학연구, 14**(4), 125-140.
- 김병준(2012). **강심장을 만드는 심리훈련**. 서울: MSD 미디어.
- 김병준(2013). IZOF 논리에 근거한 새로운 수행 프로파일링 기법. **한국스포츠 심리학회 연차학술대회 논문집**, 7-14.
- 김병준(2014). **강심장 트레이닝**. 서울: 중앙북스.
- 김병준(2015). **나는 더 강해질 필요가 있다**. 서울: 예문.
- 김병준(2021). **스포츠심리학의 정석**. 서울: 레인보우북스.
- 김병준, 오수학(2002). 한국판 스포츠수행전략검사(TOPS)의 타당화(1): 문항 개발과 요인탐색. **한국체육측정평가학회지, 4**(1), 13-29.
- 김병준, 천성민(2017). **긍정의 멘탈 트레이닝**. 서울: MSD미디어.
- 김병준, 천성민, 권혁주(2018). **긍정의 멘탈 트레이닝 II**. 서울: MSD미디어.
- 대한체육회(2019). **2019년 은퇴선수 실태조사**.
- 오영학(2020). **운동선수 평균 은퇴나이 23세, 10명 중 4명은 무직**. 대한뉴스, 2020.10.12., http://www.dhns.co.kr/news/articleView.html?idxno=250460.
- 이상우(2019). **U18 축구팀의 팀 빌딩 프로그램 개발 및 적용**. 미간행 박사학위 논문. 인하대학교 대학원.
- 이상우, 김병준(2013). 축구 선수가 인식한 선호 및 비선호 코칭 행동. **코칭능력 개발지, 15**(4), 65-76.
- 이한규, 김병현(1995). 집단종목 팀의 집단응집력 검사개발. **체육과학 논총, 6**(1), 15-26.
- 홍영인, 이용현(2019). 스포츠 지도자의 진성리더십 척도개발 및 타당화. **한국 스포츠심리학회지, 30**(2), 73-87.

- Allen, M. S., Jones, M. V., & Sheffield, D.(2009). Attribution, emotion, and collective efficacy in sports teams. *Group Dynamics: Theory, Research, and Practice, 13*(3), 205.
- Arthur, C. A., Bastardoz, N., & Eklund, R.(2017). Transformational leadership in sport: Current status and future directions. *Current Opinion in Psychology, 16*, 78-83.
- Bandura, A.(1994). *Self-efficacy.* In V. S. Ramachaudran (Ed.), Encyclopedia of human behavior (Vol. 4, pp. 71-81). New York: Academic Press. (Reprinted in H. Friedman [Ed.], Encyclopedia of mental health. San Diego: Academic Press, 1998).
- Bois, J. E., Sarrazin, P. G., Southon, J., & Boich, J. C. S.(2009). Psychological Characteristics and Their Relation to Performance in Professional Golfers. *The Sport Psychologist, 23*(2), 252-270.
- Bruner, M. W., Eys, M., Carreau, J. M., McLaren, C., & Van Woezik, R.(2020). Using the Team Environment AssessMent (TEAM) to enhance team building in sport. *The Sport Psychologist, 34*(1), 62-70.
- Burton, D., & Raedeke, T. D.(2008). *Sport psychology for coaches.* Champaign, IL: Human Kinetics.
- Butzkamm, W., & Caldwell, J. A.(2009). *The bilingual reform: A paradigm shift in foreign language teaching.* Narr Francke Attempto Verlag.
- Corley, T. C.(2010). *Rich Habits: The Daily Success Habits of Wealthy Individuals: Find Out How the Rich Get So Rich (the Secrets to Financial Success Revealed).* Minneapolis: Langdon Street Press.
- Draeger, L.(2013). *Navy SEAL training guide: Mental toughness.* Special Operations Media.
- Duckworth, A. L., Peterson, C., Matthews, M. D., & Kelly, D. R.(2007). Grit: Perseverance and passion for long-term goals. *Journal of Personality and Social Psychology, 92*(6), 1087-1101.
- Gennarelli, S. M., Brown, S. M., & Mulcahey, M. K.(2020). Psychosocial interventions help facilitate recovery following musculoskeletal sports injuries: a systematic review. *The Physician and Sportsmedicine, 48*(4), 370-377.
- Haefner, J.(n.d.). *Mental rehearsal & visualization: The secret to improving*

your game without touching a basketball! Retrieved October 20, 2014, from https://www.breakthroughbasketball.com/mental/visualization.html.

- Hardy, L., & Parfitt, G.(1991). A catastrophe model of anxiety and performance. *British journal of psychology, 82*(2), 163-178.
- Hatzigeorgiadis, A., Zourbanos, N., Latinjak, A. T., & Theodorakis, Y.(2014). *Self-talk*. In Routledge companion to sport and exercise psychology (pp. 372-385). Routledge.
- Jones, G., & Swain, A.(1992). Intensity and direction as dimensions of competitive state anxiety and relationships with competitiveness. *Perceptual and motor skills, 74*(2), 467-472.
- Martens, R., Vealey, R. S., & Burton, D.(1990). *Competitive anxiety in sport*. Human Kinetics.
- Morgan, K.(2017). Reconceptualizing motivational climate in physical education and sport coaching: An interdisciplinary perspective. *Quest, 69*(1), 95-112.
- Olympiou, A., Jowett, S., & Duda, J. L.(2008). The psychological interface between the coach-created motivational climate and the coach-athlete relationship in team sports. *The sport psychologist, 22*(4), 423-438.
- Van Raalte, J. L., Vincent, A., & Brewer, B. W.(2016). Self-talk: Review and sport-specific model. *Psychology of Sport and Exercise, 22*, 139-148.
- Weinberg, R.(2010). Making goals effective: A primer for coaches. *Journal of Sport Psychology in Action, 1*(2), 57-65.
- Weiner, B.(2012). An attribution theory of motivation. *Handbook of theories of social psychology, 1,* 135-155.